왜 그렇게 일에 진심이야?

도전과 집요함, 현대차답게 일하는 법

왜 그렇게 (일) 에 진심이야?

도전과 집요함, 현대차답게 일하는 법

기문혁 지음

일에 진심이라는 건
무엇일까요?

일이 재미있을 수는 없을까요? 당연히 일이 게임이나 예능처럼 웃기고 재미있기는 어려울 것입니다. 그런데 재미를 순간의 흥미나 쾌락이 아닌 성취감 혹은 인정으로 범위를 넓혀보면 어떨까요? 미국의 심리학자 미하이 칙센트미하이는 행복감을 느끼는 조건으로 몰입을 제시합니다.* 그는 명확한 목표가 있고, 자신의 능력으로 해결이 가능할 때 몰입을 경험할 수 있다고 말합니다. 무언가에 푹 빠지면 우리는 누가 시키지 않아도 스스로 더 잘하고 싶고, 더 잘하려고 애쓰는 과정에서 행복감을 느끼는 거죠.

불행히도 많은 직장인이 회사에서 몰입하지 못하고 있습니다. 2023년 갤럽의 「글로벌 직장 현황 보고서」*에 따르면, 한국 직장인의 12%만이 '몰입해 성과를 내는 상태'라고 해요. 이는 한국뿐만 아니라 전 세계적인 추세이기도 하죠. 오직 23%만이 열정적으로 일하고, 77%가 일에 의지도 열정도 없이 최소한의 노력만을 기울이는 상태*라고 합니다. 이러한 현상에는 여러 원인이 있을 것입니다. 그러나 한 가지 확실한 점은 이들에게 회사에서 보내는 8시간이 재미는커녕 그저 그럴 것이란 사실이죠.

*미하이 칙센트미하이. 2021. 《몰입의 즐거움》. 이희재 옮김. 해냄. (원서출판, 1997)

*Gallup. 2023. State of the Global Workplace 2023 Report.

*77% 중 조용한 사직 59%, 요란한 사직 18%.

우리는 약 13만 명의 글로벌 임직원이 속한 현대자동차(이하 현대차)에서 기업문화를 고민하는 팀입니다. '어떻게 하면 사람들이 일에 몰입할 수 있을까?'라는 질문에 답을 얻기 위해 그런 사람들을 만나보기로 했습니다. 현대차의 '일잘러(일 잘하는 사람)'들에게 일하는 목적, 일하는 방식 등을 물어보았습니다. 누군가는 안전과 품질을 위해 1,000분의 1초 단위를 집요하게 파고들고, 누군가는 더 깨끗한 내일을 위해 쓰레기를 수소 에너지로 바꾸고, 또 누군가는 세상에 없는 고성능 전기차를 만들고 있었습니다. 각자 일은 다르지만 그들의 일하는 방식과 목적은 꽤 닮아 있었어요. 무엇보다 모두 자기 일에 정말 진심이었습니다.

여러분이 읽으실 20개 이야기에 담긴 '일하는 방식'은 현대차가 오랜 세월 축적해 온 기업문화입니다. 현대차는 1970년대 자동차 기술 황무지의 맨땅에서 '최초 국산 차' 개발에 대한 집념으로 독자 모델 포니 개발에 성공했습니다. 그때의 도전 정신과 집요함이 오늘날 직원들에게도 전해지고 있는데요. 이를 크게 '고객을 위한 타협 없는 집요함 Quality Work', '함께라면 할 수 있다는 긍정 에너지 Positive Energy', '멈추지 않고 더 높이 더 멀리 도전 Bold Moves'이라는 세 가지의 현대차 DNA로 보여드리고자 합니다. 직장으로 현대차를 고민하고 계신 분들에게 이 책은 좋은 참고 자료가 될 것입니다. 아무리 좋은 옷도 몸에 맞지 않으면 소용없듯 회사도 나와 맞는지가 중요한데요. 어떤 사람들이 어떻게 일하는가를 보며 이 회사가 나에게 맞는 옷인지 짐작할 수 있으리라 생각합니다.

현대차는 자동차 제조사를 넘어 스마트 모빌리티 솔루션 기업으로 변모 중입니다. 인류에게 자유롭고 혁신적인 이동 경험을 제공하기 위해 전동화, 자율주행, 로보틱스, 미래 항공 모빌리티, 수소 사업 등 새로운 영역을 개척하고 있습니다. 이러한 현대차의 변화와 성장은 수많은 구성원의 열정과 도전이 만든 결과입니다. 모든 인터뷰 대상자가 본인은 한 게 없고 다른 동료들 덕분이라며 공을 돌리는 것처럼 말이죠. 현대차에는 책에 담지 못한 수만 개의 이야기가 존재하고, 지금도 계속 새롭게 쓰이고 있다는 점을 기억해 주시길 바랍니다. 누구나 기승전결의 과정에서 어려움을 이겨내고 성장한다면 그 자체로 의미 있다는 사실도 말이죠.

스무 개의
현대차 이야기

모든 인터뷰 대상자들의 소속과 직급은 인터뷰 진행 당시(2022년 ~ 2023년)를 기준으로 기재하였습니다.

INTRO   4

일에 진심이라는 건 무엇일까요?

고객을 위한 타협 없는 집요함

Quality Work

1,000분의 1초 단위까지 계산하는 충돌 안전 성능   14

안전성능시험1팀 신동민 연구원
안전성능시험2팀 김홍중 책임연구원

디자인에는 정답이 없다! 제네시스 디자이너들의 일하는 방식   24

제네시스내장디자인팀 김필윤 책임연구원, 강연지 연구원, 박재민 연구원

건강한 실패를 응원하는 문화, 아이디어 개발의 힘   32

차체시스템개발실 한승우 연구원

국제 해킹 대회 1위, 그가 현대차에서 일하는 이유!   38

VCS팀 조주봉 전문위원

현대차 마더팩토리 울산공장의 일하는 방식   44

의장1부 배근호 보직과장, 장준규 매니저

고객 마음을 읽는 현지화, 인도 시장 필승 전략   50

MSV프로젝트3팀 장민호 책임연구원

내 담당 부품은 곧 나! 구매본부 히어로들의 이야기   58

구매원가전략팀 유준상 매니저
반도체구매팀 이태균 책임매니저
샤시부품개발2팀 최다예 매니저
샤시부품구매2팀 김용하 책임매니저

함께라면 할 수 있다는 긍정 에너지

Positive Energy

29년간 시도했던 중고차 시장 진출 비하인드 70

비즈니스이노베이션1팀 서기홍 책임매니저

100% 완벽을 향해 가는 바람소리TFT 76

MSV소음진동시험팀 김종민 연구원
MSV클로저설계2팀 김대철 책임연구원
파이롯트개발2팀 최재호 책임연구원

프로 협업러가 만들어 낸 All Care Service 86

고객서비스전략팀 배예랑 매니저

리더십 1등 팀장이 들려주는 소소한 생각들 96

차량생기3팀 김영건 팀장

세계 최초 고성능 전기차 아이오닉 5 N 개발 106

고성능차설계팀 장대원 파트장, 유영한 책임연구원
고성능차시험팀 김완규 책임연구원, 양상석 책임연구원

자발적 협력 100점의 비결, 기분 좋은 오지랖! 114

현대품질보증1팀 진병철 팀장, 이성구 책임매니저, 최락구 책임매니저,
곽동현 매니저, 최순웅 매니저

전문가 동료들과 함께 만든 글로벌 IT 시스템 120

Hyundai Motor Europe Regional HQ 김도형 책임매니저

멈추지 않고 더 높이 더 멀리 도전
Bold Moves

헤리티지, 과거와 지금의 연결　　　　　　　　　　**130**
브랜드전략팀 이예솔 책임매니저, 정종택 책임매니저

한계는 없다! 월드컵부터 올림픽까지 스포츠 마케팅 이야기　　　　**138**
브랜드프로모션팀 진승준 팀장

고객의 작은 불편에서 시작한 e hi-pass 개발　　　　　　　**146**
인포테인먼트플랫폼개발1팀 이승재 책임연구원
커넥티비티팀 최민석 책임연구원

일자리를 건강하게 지켜주는 산업용 착용 로봇 엑스블 숄더　　　**156**
관절로보틱스팀 김규정 책임연구원
로보틱스사업1팀 김종우 책임연구원, 최종규 책임연구원

아이오닉 5 N 글로벌 마케팅, 끝이 아닌 새로운 시작　　　　　**166**
N브랜드커뮤니케이션팀 김보경 매니저, 염동진 매니저,
오윤선 매니저, 허상영 매니저

쓰레기를 수소에너지로? 자원 순환형 수소생태계 구축　　　　**174**
수소사업추진팀 김상범 책임매니저

OUTRO　　　　　　　　　　　　　　　　　　　　　**184**
현대차의 일하는 방식

01

고객을 위한
타협 없는 집요함

"1,000분의 1초 단위로 가설을 세워요. 안전에는 적당히가 없으니까요."

자동차에 있어 가장 중요한 가치는 무엇일까. 모빌리티의 끊임없는 진화에도 현대차의 기본이 '안전과 품질'이라는 사실은 변하지 않는다. 2023년, 무려 12개 차종이 미국 고속도로 안전보험협회IIHS가 발표한 충돌 평가에서 '톱 세이프티 픽 플러스Top Safety Pick+'로 선정되고 KNCAP, EuroNCAP, GNCAP 등 여러 안전 등급 평가에서 좋은 성적을 거두었다. 자동차의 기본 품질인 안전은 내용이 복잡하고 어려워 계속해서 연구개발이 필요한 영역이다. 이 험난한 영역에서 집요하고 끈질긴 노력으로 매일 도전하는 사람들을 만났다. 고객을 위한 안전 지킴이, 안전성능시험팀의 김홍중 책임연구원과 신동민 연구원의 이야기를 전한다.

왼쪽부터 신동민 연구원, 김홍중 책임연구원

안전성능시험1팀

신동민 연구원

안전성능시험2팀

김홍중 책임연구원

절대 포기할 수 없는 안전,
우리 모두의 공감대

자기소개 부탁드립니다.

김홍중 안전성능시험2팀 김홍중 책임연구원입니다. 실차 충돌 업무와 슬레드 시험을 담당하고 있습니다. 지금까지 주로 북미 시장에 진출하는 차종을 맡아왔어요.

신동민 안전성능시험1팀 신동민 연구원입니다. 저 역시 실차 충돌 업무를 하고 있고, 주로 신흥 시장 차종을 담당해요.

충돌 시험에 대해서 간단하게 설명해 주실 수 있을까요?

신동민 보통 충돌 시험이라고 하면 많은 분이 자동차가 어느 정도 완성된 시점에 적용하는 게 아닌가 생각하시는데요. 실제로는 모든 개발 단계마다 수많은 충돌 모드에 맞춰 시험을 진행해요. 차종 개발 전 최종 목표를 결정하고, 이를 만족시키기 위한 하위 항목을 지정해 단계별로 검증을 거치는 것이죠. 시험 결과에서 문제가 확인되면 원인을 분석해 개선하는 작업까지 담당하고 있어요. 자동차의 모든 부품이 차량 안전 성능에 영향을 미치기 때문에 연구소의 많은 부문과 소통하고 협력해야 해요.

협력이 결코 쉽지 않잖아요. 그럼에도 협력이 잘 되게 만드는 원동력은 무엇인가요?

신동민 저는 '안전에 대한 공감대'라고 생각해요. 저희 업무는 기존의 설계를 개선, 변경해서 성능을 내는 게 목표예요. 설계 담당자 입장에서는 비용과 무게가 추가되는 저희 요청 사항을 받아 주시는 게 어려울 수밖에 없죠. 그럼에도 점점 더 많은 분들이 안전의 중요성에 공감하며 적극적으로 지원해 주세요.

지난 2021년, 유명 골프 선수 타이거 우즈가 GV80을 운전하다 전복 사고를 당했어요. 당시 차량 앞면과 범퍼는 완파됐지만 내부는 대체로 손상되지 않아서 생명에는 지장이 없었죠. 해당 사건이 언론을 통해 크게 보도되며 '우리 차가 정말 튼튼하게 개발되고 있구나. 정말 중요한 순간에 안전 품질이 큰 역할을 하는구나.'라는 메시지가 자연스럽게 사내외에 전해진 것 같아요.

해당 뉴스를 보며 실차 충돌 업무의 담당자로서 어떤 생각을 하셨나요?

김홍중 큰 안도감과 함께 그간의 고생이 헛되지 않았다는 생각이 들었어요. 북미의 경우 법규 기준도 굉장히 까다롭고 등급 평가도 정말 복잡하기 때문에 더더욱 어려웠던 프로젝트로 기억하거든요. 특히 GV80 필드 사고와 유사한 충돌 시험 모드인 IIHS 평가* 항목, 스몰오버랩 평가*를 개발하는 데 크게 공을 들였어요. 개발 프로세스에서는 어느 하나를 개선하면 다른 한쪽은 양보해야 하는 일이 생기기 마련인데요. 성능과 안전의 두 마리 토끼를 잡기 위해 끊임없이 노력하고 있어요.

*IIHS 평가: 1959년 설립된 IIHS(미국 고속도로 안전보험협회)에서 진행하는 안전 평가, 매년 미국 시장에 출시된 차량의 충돌 안전 성능, 충돌 예방 성능을 종합 평가해 안전 등급을 매김.

*스몰오버랩 평가: IIHS가 2012년부터 도입한 것으로, 시속 64km의 속도로 차량 운전석 앞부분의 25%를 장애물과 충돌시키는 시험.

법규보다 높은 기준 설정,
안전은 '적당히'가 없는 영역

업무 중 어려운 일이 있었는지, 있었다면 어떻게 대처하셨는지 궁금해요.

김홍중 G80 EV의 측면 폴 시험 과정이 떠올라요. 전기차는 차량 바닥에 있는 배터리를 보호하는 것이 중요한데, 측면 폴 충돌의 경우 좁은 부위로 충격이 깊게 들어와 배터리가 손상될 위험이 높거든요. 위험도가 높은 만큼 저희는 배터리 자체가 아예 강건하고 아무런 변형 없이 보존되는, 해당 법규 만족 조건보다 훨씬 높은 기준을 목표로 개발을 진행했어요.

그러다 저희가 개발한 구조가 테슬라의 특허를 침해했다는 사실을 알게 되었어요. 특허를 피해 진행해 보려 했는데 구조가 약해지는 문제가 생겼죠. 사실 약해진 구조도 법규는 만족해서 훨씬 쉽게 갈 수도 있는 상황이었어요. 하지만 저희가 세운 목표가 명확했기 때문에 연구소에 다시 한번 차체 구조 개선을 요청했죠. 특허를 침해하지 않으면서 법규보다 높은 목표의 내부 기준을 충족하고자 공을 들였어요. 결국 배터리 손상을 최소화하는 최적의 구조를 찾아냈죠.

법규보다 더 높은 목표를 실현해야 한다는 부담감이 상당했을 것 같아요.

김홍중 당연히 해야 하는 일이라고 생각했어요. 필드에서 발생하는 사고는 훨씬 더 가혹하잖아요. 최대한 안전한 차를 만드는 것이 우리 목표이기 때문에 안전 성능에 있어서 '적당히'란 없다고 생각해요. 절대 타협할 수 없는 영역이 바로 안전이니까요.

전기차는 배터리를 안전하게 보호하려면 충돌 에너지 흡수 공간이 많아야 해요. 하지만 주행거리에 대한 소비자의 기대가 높아지면서 전기차 배터리가 점점 비대해지고 있죠. 이에 따라 흡수 공간은 자연스레 줄어들 수밖에 없어요. 구조상의 한계로 테스트가 점점 어려워지고 있지만 이 또한 제가 감당해야 할 숙명이라고 생각해요.

신동민 업무를 하며 안전에 대한 회사의 기준이 높아졌다는 것을 체감하고 있어요. 차체와 안전 장비, 심지어는 소프트웨어까지도 높은 안전 기준에 맞춰 개발을 진행하고 있거든요. 설계 단계부터 고객 인도까지의 전 과정에서 안전한 차량 개발을 위해 더욱 노력하게 돼요.

충돌 시험 이후에는 어떤 절차가 있나요?

김홍중 모든 과정이 유의미하지만 결국 공인 시험 결과를 통해 고객과 공식적으로 소통하게 돼요. 공인 시험 준비를 위해 여러 번 모의 테스트를 하고 시험소를 방문해 현지 사전 평가도 하는 등 만반의 준비를 거쳐요. 그럼에도 실제 평가를 하면 이전에는 전혀 문제되지 않았던 부분이 꼭 속을 썩이더라고요.

신동민 저희가 철저하게 준비한다고 해도 사전 평가와 공인 시험 간 편차를 발생시키는 요인은 정말 다양해요. 차량 상태, 시험소 노면의 기울기, 온도, 더미*의 차이 등 영향 요소가 수십 가지는 되거든요. 미세한 차이가 결과를 좌우할 수 있는 거죠. 예측하지 못한 곳에서 문제가 발생해 시험을 통과하지 못할 때면 저조차도 결과가 이해되지 않고 막막해요. 그럴 때는 이전 시험들과 비교 분석해 원인을 찾아 개선하면서 만족스러운 성능을 만들기 위해 또 다시 노력하죠.

최선을 다한 만큼 공인 시험 당일에 많이 떨릴 것 같아요.

김홍중 모든 연구원이 공인 시험 시즌에 바짝 긴장해 있어요. 본인만의 징크스가 있는 분들도 계셔서 어떤 분은 마치 운동선수처럼 특정 색의 속옷만 입는다고 하시더라고요. 저는 가장 멀끔한 옷을 골라 입고 경건한 마음으로 출근해요.

신동민 저도 시험 날만 되면 많이 떨리더라고요. 시험에 통과하지 못하면 곧바로 결과 분석 및 개선 작업을 진행해서 다시 공인 평가를 받아야 해요. 이 과정이 정말 힘들어요. 테스트 결과에 대한 원인을 찾기 위해 1,000분의 1초 영역의 고민이 시작되거든요.

*더미: Dummy, 충돌 시 잠재적 부상을 측정할 수 있는 충돌 테스트용 인형.

고객 안전을 위한
소수점 단위의 몰입과 책임감

그동안 동료들과 함께하며 느낀 '현대차답게' 일한다는 것은 어떤 모습일까요?

김홍중 고객 안전과 품질을 위해 끈질기게 파고들어 답을 내는 것, 이게 현대차다운 방식이라고 생각해요. 어떻게 보면 각자 좀 집요한 구석도 있는 것 같고요. 높은 고객의 눈높이에서 기준을 적용하고, 그 답을 찾기 위해 끈질긴 사투를 벌이니까요. 보통 테스트가 끝나면 시험 영상뿐만 아니라 더미에 누적된 데이터까지도 함께 분석을 시작해요. 영상은 슬로비디오를 적용해 1ms(밀리세컨드) 단위로 분석하죠. 시험은 '쾅' 하고 순식간에 끝나지만 저희는 1초 이내에 벌어지는 현상을 계속해서 돌려 보거든요. 1,000분의 1초를 며칠씩 토의하고 현상의 원인을 탐구하죠. 가설을 세워 하나씩 따져봐요.

신동민 저희 현대차는 한 명 한 명이 참 프로답다고 생각해요. 단지 일을 완수하는 데서 끝나는 게 아니라 디테일까지 완벽하게 챙기려고 하죠. 일상에서의 mm 단위는 손톱보다 짧은 길이지만, 안전 성능 시험에서는 천지 차이의 결과를 만들거든요. 예를 들면 에어백에는 화약이 터진 후 압력을 줄이기 위한 구멍이 있는데요. 이 구멍의 크기가 몇 mm인지에 따라 에어백이 물렁물렁해지거나 딱딱해져요. 에어백이 과하게 부풀어 오르거나, 혹은 너무 압력이 약해져도 승객이 다칠 수 있잖아요. 그만큼 세부적인 요소 하나하나가 고객 안전을 좌우하기 때문에 더 큰 책임감과 프로 의식을 갖고 일하고 있어요. 이런 마음가짐이 모여 현대차다움을 만든다고 생각합니다.

앞으로 해보고 싶은 일은 무엇인가요?
김홍중 저희는 이제 시험 기준을 만족하는 것에 그치지 않고, 실사고 모드를 고려한 차량 개발로 업무 분야를 확대하고 있어요. 현재 업무를 고도화해서 복합적인 사고에서도 고객의 안전을 지킬 수 있는 차량 안전 성능을 확보하고 싶어요.
필드에서는 충돌 사고 후에 2차 측면 충돌, 전복 사고 등 다양한 충돌 모드가 복합적으로 나타나니까요. 다양한 케이스를 분석해서 고속의 복합 충돌 평가 시나리오를 새롭게 개발해 보고 싶어요.

신동민 저는 고객의 인체 상해를 최소화할 수 있는 신기술 개발에 기여하고 싶어요. 앞으로 다가올 다양한 스마트 모빌리티 형태에 맞춘 신유형의 안전 장비가 많이 필요하거든요. 가령 같은 에어백이라고 하더라도 미래 모빌리티에서는 형태가 달라질 수밖에 없죠.

또한 인체 해석 모델을 활용해 다양한 시도를 해보려고 해요. 혹여 사고가 나더라도 승객이 삶의 질을 유지할 수 있도록 인간 중심의 미래 모빌리티 기술을 개발하고 싶어요. 생명을 지키는 것은 물론, 치명적 부상 없이 빠르게 일상으로 돌아갈 수 있도록 말이죠.

현대차를 타는 고객분들에게 하고 싶은 말이 있다면요?

김홍중 지난 10년간 일을 하면서 제가 항상 하는 생각이 있어요. 고객이 저희가 개발하는 성능을 몸소 체험하지 않았으면 해요. 걱정 없이 믿고 타는 현대차가 될 수 있도록 노력할 거예요.

신동민 '내 가족이 먹는다는 생각으로 만든다.' 맛집들은 이런 모토로 음식을 만들잖아요. 저희도 마찬가지예요. 나와 내 가족이 타는 차를 만든다는 생각으로 매 업무에 임하고 있어요. 자동차가 단순 이동 수단에서 움직이는 생활 공간으로 바뀌어 갈 미래에도 고객의 안전한 일상을 위해 최선을 다하겠습니다.

"디자인에는 정답이 없다? 다양한 길을 탐험하며 답을 찾아내죠."

프리미엄 자동차 시장을 대표하는 '제네시스'. 2023년 전세계 시장에서 22만 대가 넘는 판매 대수를 기록하며 사상 최대 실적을 냈다. 또한 제네시스는 세계 4대 디자인상 중 하나로 꼽히는 미국 '굿디자인 어워드Good Design Awards' 에서 9년 연속 수상하며, 전 세계적으로 아름다움을 널리 인정받고 있다. 제네시스의 인테리어 디자인이더 가치 있는 이유는 한국적인 우아함을 강조한 '여백의미'를 추구하기 때문이다. 복잡한 기술과 조화를 이루어야하기에 더욱 치열한 자동차 디자인은 어떻게 만들어지는지. 여백의 미 뒤에 숨겨진 디테일의 세계, 그 디자인을 선도하는 제네시스내장디자인팀 디자이너들을 만났다.

왼쪽부터 강연지 연구원, 김필윤 책임연구원, 박재민 연구원

제네시스내장디자인팀

김필윤 책임연구원
강연지 연구원
박재민 연구원

혁신적인 기술에서 나오는
제네시스의 '여백의 미'

자기소개 부탁드립니다.

제네시스내장디자인팀 김필윤 책임연구원, 강연지 연구원, 박재민 연구원입니다. 셋이서 5년째 작업을 같이 하고 있어요. GV60 때 함께 내장 디자인 초기부터 양산까지 담당했고, 제네시스 X 콘셉트카와 스피디움 등의 내장 디자인을 했어요.

내장 디자인의 범위와 하는 일을 더 설명해 주실 수 있을까요?

김필윤 자동차 문을 열면 보이는 내부의 모든 것을 디자인한다고 보시면 돼요. 구체적으로는 핸들, 시트, 크러쉬 패드, 센터 콘솔, 도어트림, 천장 헤드라인 모두 포함이죠. 설계팀에서 먼저 차량을 구성하는 뼈대를 설계하면 디자인팀에서는 그 겉면을 어떤 재질로 감쌀지, 어떤 형상으로 만들지 스타일링을 고민해요. 특히 내장 디자인은 안전과 직결된 차량 내부의 여러 기능을 잘 구현하면서 동시에 아름다움을 표현해야 하는 고민까지 함께 더해지다 보니 고려할 점이 정말 많아요.

제네시스 디자인을 떠올리면 '고급스럽다'는 생각이 들어요. 제네시스 디자인만의 아이덴티티는 무엇일까요?

김필윤 제네시스의 차들은 각기 다른 인테리어를 가졌지만 내장 디자인에서 가장 우선시하는 포인트는 '여백의 미'예요. 매력 없이 심플하기만 하다면 심심한 것에 불과하잖아요. 저희가 추구하는 건 '테크 럭셔리'예요. 혁신적이고 고급스러운 기술을 기반으로 한 포인트를 넣고, 나머지 부분은 고객들에게 편안한 공간이 될 수 있도록 심플하게 디자인해요. 극강의 디테일로 아름다움을 표현하여 심플한 공간 속에서 '여백의 미'가 더욱 극대화되도록 구현하는 게 저희 인테리어의 목표죠.

테크 럭셔리와 편안함을 주는 아름다움은 어떤 모습인지 궁금해요.

김필윤 대표적으로 GV60의 크리스탈 스피어는 세계 최초로 구 형상을 가진 회전하는 전자 변속기예요. GV60는 제네시스의 첫 전용 전기차인데, 전기차는 내연기관 자동차와 달리 엔진 소음이 없어서 시동이 걸려 있는지 여부를 사용자가 쉽게 알기 어렵죠. 따라서 주행 가능한 상태를 시각적으로도 파악할 수 있도록 기존의 변속기 조작 방식과는 아예 다르게 디자인해야 했어요. 그래서 시동이 걸리면 부품이 회전하는 형태의 디자인 콘셉트를 제안한 거예요.

유사한 사례가 없는 부품이라서 처음에는 회전 내구성 확보에 어려움이 있었지만 결국 회전식 변속기의 안전 성능을 인정받았고, 해당 디자인으로 특허까지 냈어요. 소재 역시 처음으로 진짜 강화유리를 사용했죠. 실제 고객 반응도 "GV60 하면 크리스탈 스피어가 가장 먼저 연상된다."고 할 만큼 좋아요. 이러한 새로운 기술을 기반으로 한 인테리어 포인트가 제네시스의 공간을 더 심플하면서도 아름답게 만든다고 생각해요.

동서남북을 모두 가보며
경험하는 마인드

새롭고 도전적인 업무를 하는 만큼 거기에서 오는 어려움도 있을 것 같아요.

강연지 일정이 주는 압박이 있어요. 디자인은 다듬으면 다듬을수록 더욱 디테일하게 할 수 있잖아요. 하지만 정해진 품평회 일정은 반드시 맞춰야 하죠. 그래서 더 투자해서 최고의 결과물을 내고 싶은 마음과는 달리 물리적인 시간의 한계를 느낄 때가 많아요. 학교에서도 산업 디자이너한테는 데드라인이 제일 중요하다고 배우거든요.

박재민 디자인은 정답이 있는 업무가 아니기 때문에 평가 기준이 항상 유동적이에요. 특히나 내장 디자인은 아이템의 가짓수가 정말 많은데, 같은 아이템이라도 어떤 사람은 동그란 모양이 예쁘고 어떤 사람은 네모난 모양이 예쁘다고 생각하니까요. 최근 품평회를 진행할 때도 정말 많은 임원과 담당자가 오셨어요. 3일에 걸쳐 나눠서 해도 한 번에 40~50명 정도가 참여하셨죠. 그 많은 사람을 동시에 만족시키는 디자인을 도출하는 게 쉬운 일이 아니었어요. 제네시스는 럭셔리 브랜드인 만큼 디자인에서도 항상 '어나더레벨'이 요구되어 더욱 어렵게 느껴져요.

모든 사람의 니즈를 다 맞추기 어려울 것 같은데 어떻게 대응하시나요?

김필윤 결국 합의점을 찾는 방법은 가능한 많은 시도를 해보는 것밖에 없어요. '일단 실행해 보자!'라는 마인드를 가지고 맞는 방향을 찾아서 동서남북을 모두 가보는 거죠. 그렇지 않으면 결과에 대해서 '이게 최선일까?'하는 생각이 들 수밖에 없거든요. 럭셔리 브랜드로서 다양한 시도를 직접 해보고, 많은 수정과 시도를 거쳐 최선의 결과를 뽑기 위해 노력하죠. 타인의 피드백을 잘 받아들이는 태도도 중요해요.

이처럼 많은 수정과 시도를 할 수 있는 이유는 제네시스 디자인의 방향성이 잘 설정되어 있기 때문이에요. 제네시스 디자인의 큰 방향성인 '투 라인 램프'나 '여백의 미'를 현업 디자이너 개개인이 각 프로젝트를 하면서 제시하긴 힘들죠. 큰 틀의 디자인 정체성을 설정하신 리더분들과, 그와 함께 끊임없이 노력하는 여러 디자이너분들 덕분에 제네시스 디자인이 일관성 있게 좋은 평가를 받지 않나 싶어요.

1mm, 2mm 한 끗 차이까지
타협 없는 디테일

제네시스 디자이너들만의 일하는 방식이 있다면 무엇일까요?

김필윤 디테일을 중요하게 봐요. 품평회에 사용하는 디자인 모델을 바탕으로 양산차를 만들기 때문에, 내장 모델 영역 안에 있는 것들은 실제 자동차와 전부 똑같이 제작해요. 팀원 다 같이 모델 제작 업체에 가서 직접 부품을 갈고 마감 과정을 했던 경우도 있어요. 진짜 소재를 사용해서 가죽으로 감싸고 스티치도 넣죠. 버튼도 구동되지만 않을 뿐이지 사용성을 검증할 수 있도록 실제와 같게 만들어요. 모델 품평 때 참석하신 분들이 실제로 작동하는 줄 알고 잡아당기다가 부러뜨리는 경우도 있을 정도예요. 그만큼 집요하게 디테일을 완성하는 거죠. 직접 만드는 과정을 함께하면서 디자인 지식도 쌓이고 성장하는 부분이 많아요.

강연지 요즘은 기술력의 발전이 굉장히 빨라요. 과거에는 자동차 클러스터에 라디오와 CD플레이어 정도만 달려 있던 몇십 년의 기술 정체 기간이 있었다면, 지금은 LCD에서 OLED 그리고 커브드 디스플레이까지 순식간에 발전하고 있죠. 경쟁사에서도 신기술을 잘 적용하는 것이 트렌드이기 때문에 설계나 엔지니어링 파트 분들도 기술 개발을 빠르게 하고자 하는 의지가 생겼고, 그런 점에서 저희가 만드는 디자인과 합의점이 맞아떨어지는 것 같아요.

요즘은 품평회에 나온 디자인을 최대한 유지해서 양산까지 반영되도록 모든 부서에서 한마음으로 노력해 주세요. 그러다 보니 저희도 좀 더 예민한 눈을 갖게 돼서 '1mm도 변경 못 합니다!'라고 더 디테일하게 요구할 수 있게 되었죠.

디테일하게 보는 일이 피곤하고 어려운 순간도 있을 텐데, 매번 그렇게 집요하게 할 수 있는 원동력이 무엇일까요?

김필윤 저는 두 가지가 있는데요. 하나는 함께 일하는 사람과의 유대감이에요. 업무를 하다 보면 지치거나 힘든 순간에도 함께하는 동료들과 협업하여 헤쳐 나갈 수 있다는 것이 저희가 하는 일의 특징인 것 같아요. 그다음엔 내가 여태까지 쌓아온 것에 대한 자존심이에요. 전에 작업했던 모델보다 퀄리티가 낮은 결과물을 내거나, 전보다 못하다는 평가를 절대 받지 않겠다는 마음이 있어요.

강연지 모두가 함께 작업한 차량이 실제 완성품으로 나온 걸 볼 때 엄청난 보람이 있어요. 처음엔 단순하게 '이렇게 해볼까?' 하며 저희끼리 브레인스토밍한 결과물이 디자인 모델이 되어 나오고, 여러 부문과의 협업을 거친 후 완성품이 되어 광고로 멋지게 나올 때 카타르시스를 느껴요. 한 번 완성의 맛을 보니 아쉬움이 남는 부분을 보완하고 싶다는 생각도 커지더라고요. 그래서 항상 더욱 디테일하게 작업하려고 노력해요.

박재민 자동차가 완성되어 가는 과정이 재밌어서 계속하게 돼요. 디자인 단계에서만 고려했을 때는 어설프고 불명확했던 여러 조건들이 다양한 부문과의 협의를 통해 구체화되어 가는 과정이 정말 흥미로워요.

세 분은 앞으로 현대차에서 어떻게 일하고 싶으신가요?

김필윤 누군가에게 필요한 사람이 되는 게 인생 모토예요. 그러기 위해선 제가 잘하는 분야를 더욱 잘할 수 있도록 자기 개발을 멈추지 않아야겠죠. 선후배들에게 업무적으로 도움을 주는 사람이 되기 위해 노력을 많이 하려고 해요.

박재민 스케줄 관리를 잘하고 싶어요. 디자인 업무는 항상 일정에 시달리기 때문에, 일정 관리를 능숙하게 한다면 지금보다 더 발전하는 디자이너가 될 거라고 믿어요.

강연지 농담처럼 얘기하는 게 "디자이너로 정년까지 가자."거든요. 저는 회사에서도 하고 싶은 일을 하면서 즐겁게 다니고 싶어요. 그게 지금 이 일이고, 앞으로도 끝까지 쭉 할 수 있으면 좋겠어요.

"건강한 실패를 응원해 주는 문화에 힘입어 과감하게 도전할 수 있었어요."

2020년 현대차 아이디어 공모전이 생긴 이래, 최초로 수상 아이디어를 양산까지 적용한 직원이 있다. 입사 3년 차에 새로운 아이디어를 내고 직접 실현까지 할 수 있었던 비결은 무엇일까. 그 주인공인 차체시스템개발실의 한승우 연구원은 "주니어이기 때문에 오히려 당연했던 것들을 한 번씩 의심해 볼 수 있었다."라고 말한다. 자발적으로 아이디어를 내면 더 즐거운 회사 생활을 할 수 있을 것 같았다는 그는 자신의 도전과 실패를 응원하는 선배들에게서 힘을 얻었다고 한다. 남양연구소를 찾아가 건강하고 긍정적으로 새로운 도전을 이어가는 한승우 연구원의 일하는 방식을 들었다.

차체시스템개발실

한승우 연구원

당연한 것들에 던지는 '왜?'라는 질문,
자발적으로 내는 아이디어

어떤 일을 하고 계시나요?

차체시스템개발실의 한승우 연구원입니다. 저는 승객에게 양질의 공간을 제공하기 위해 충돌, 강성, NVH*, 내구 등 다양한 성능을 고려하면서 차량의 기본 골격을 설계하는 일을 하고 있어요. 차량 개발 업무를 하며 떠오른 생각을 구체화해서 'EV 차체 일체형 핫스템핑 시트크로스멤버* 구조'를 개발했고, 2021년 현대차 아이디어 공모전에서 최우수상을 받았습니다.

아이디어를 간략히 설명해 주세요.

기존에 2개였던 시트크로스멤버 차체 구조를 주변 부재들과 통합하여 하나의 일체형 구조로 변경한 콘셉트예요. 차체의 부품 수를 줄여 경량화하고, 적합한 소재로 바꾸는 것이죠. 반면 측면 충돌 성능은 이전과 동등하고요. 관련한 S급 특허 1건, A급 특허 2건도 출원했어요.

처음에는 '시트크로스멤버가 왜 꼭 2개여야 하지? 같은 기능을 하는데 하나로 합치면 안 되나?'라는 질문에서 시작했어요. 업무에서 관행처럼 여기던 것들을 하나씩 다시 생각해 봤죠. 주니어이기 때문에 당연했던 것들을 한 번씩 의심해 볼 수 있었어요. 스스로 던지는 질문을 통해 시스템 간 통합화 기술이라는 콘셉트를 잡았죠.

부품 수를 줄이면서도 성능을 유지한 점이 인상 깊어요. 아이디어는 어떻게 구체화했나요?

아이디어 공모를 7~8개월 준비했어요. 기존 양산차의 도면뿐만 아니라 항공기, 생물체 등을 총망라해 다양한 시스템을 공부했죠. 기존 시스템보다 가볍고 강건성 있는 구조를 찾기 위해서였어요. 그 과정에서 찾은 '거북이 등껍질'은 단단하면서도 두께가 얇은 것이 특징이에요. 일체화 과정에서 기존 부품들의 재질과 두께가 다 달라 고민이 있었는데 거북이 등껍질에서 힌트를 얻었죠. 거북이는 얇은 등껍질과 그것을 지지하는 탄탄한 주요 뼈대들이 일체화된 구조를 가지고 있거든요. 이를 대입해 시트 크로스멤버 2개와 주변의 충돌 부품을 묶어 1통으로 만들면서 중량을 절감할 수 있었어요.

사실 안 해도 되는 일이잖아요. 이렇게까지 열심히 한 이유가 궁금해요.

남이 시키는 것만 하면 재미없으니까요. 회사 일은 업무 효율화를 위한 정해진 루틴의 반복이고, 필연적으로 약간의 지루함을 동반하는 것 같아요. 주니어 연구원의 건방진 생각이지만 주어진 업무 외에 자발적으로 아이디어를 내보면 회사 생활이 더 즐거워지지 않을까 싶어 시작했어요. 제가 맡을 다음 차종에 적용해 볼 아이디어를 고민하다 공모전 수상도 하고 아티클에도 실리는 영광을 누리게 됐으니 정말 즐거워졌죠.

신기술에 대한 관심도 도전의 계기였어요. 자동차 트렌드가 내연기관에서 전기차로 바뀌는 시점이라 새로운 시도가 필요하다고 생각했거든요. 경쟁사에서도 시스템 간 통합 기술로 경량화를 구현하고 많은 연구 개발을 진행하고 있었고요. 주도적으로 연구해 보고 싶어서 2년 차 때 "신기술 같이 해보고 싶습니다."라고 선배들께 말씀드리기도 했어요.

감사하게도 흔쾌히 같이 하자고 해주신 책임님이 계셨고, 신기술을 개발해 양산차인 '니로 2세대 EV'에 투입할 수 있었어요. 제 인생에서 엄청난 터닝포인트였죠. 선배들 바로 옆에서 노하우도 배우고 자신감도 얻었거든요. 저연차 연구원과 신기술 개발을 한다는 게 쉬운 결정이 아닌데, 아직도 당시에 손을 내밀어 주신 황창섭 책임님께 감사한 마음이 커요.

*NVH: 각각 Noise, Vibration, Harshness로, 자동차를 이루는 부품에서 발생하는 소음진동을 지칭.

*시트크로스멤버: 차체 바닥면을 구성하는 플로어 패널의 전체 골격을 형성하고, 측면 충돌 시 충격 하중을 지지하여 승객을 보호하는 기능을 함.

원하는 결과를 위해
계속 도전하는 마음

현대차 아이디어 공모전에 참가한 이유는 무엇이었나요?

이전에도 공모전에 참가한 적이 있어요. 그때 공모전을 준비하면서 아이디어를 구체화하는 법을 배웠어요. 다른 분들의 제안서를 보면서 모티브도 얻고 다양한 관점도 알 수 있었고요. 전사적으로 아이디어를 공유하는 플랫폼이라 냉정한 평가를 받을 수 있어 좋았죠.

제 신념 중에 '평균의 법칙'이라는 게 있어요. 주사위를 계속 던지다 보면 1부터 6까지 여섯 개의 숫자가 나오는 확률이 비슷해진다는 뜻이에요. 주사위를 한 번 던지고 원하는 결과가 나오길 바라는 것보다는 10번이고 20번이고 계속 던져보자는 거죠. 처음에는 실패하더라도 '주사위 10번, 20번 던져서 한 번 성공하면 되지.'라는 마음가짐으로 계속 도전했어요. 언젠가 한 번은 6이 나올 거라고 믿었으니까요.

준비 과정에서 여러 실패를 경험하셨을 텐데요. 이를 극복한 방법이 궁금해요.

저는 어려움에 봉착하면 주변에 계신 긍정 마인드의 선배들을 찾아가 조언을 구해요. 안된다면 그 이유와 해결 방법을 알고 싶고, 무엇보다 "할 수 있을 거 같은데? 한 번 해봐."라는 말을 들으면 힘이 나거든요. 실제로 선배님들의 피드백은 제 아이디어의 구체적인 근거가 되었고, 덕분에 용감하게 아이디어를 제안할 수 있었어요.

또한 리더분들과 협업 부서의 서포트가 없었다면 여기까지 올 수 없었을 거예요. 철벽 치지 않고 열린 마음으로 함께해 주신 많은 분의 도움 덕분이죠. 리더들이 차종 담당자들도 직접 연결해 주셨어요. 담당자께서 긍정적으로 검토해 주신 덕에 양산 적용까지 할 수 있게 되었죠.

연구소의
서로 돕는 열린 개발 문화

그동안 동료들과 함께 일하며 느낀 '현대차답게' 일한다는 것은 어떤 모습일까요?

건강한 실패를 응원하는 연구소 문화에서 힘을 얻어요. 리더분들이 많이 도전하고 또 실패해 보라고 강조하시거든요. 성공과 실패를 가늠하기 어려운 과제에도 과감하게 뛰어들어 할 수 있다는 마음으로 헤쳐 나가는 게 우리만의 일하는 방식이라고 생각해요. 실패로 슬퍼하고 주눅들기 보다, 서로 '내 일처럼' 도와가며 함께 해결해 나가는 모습이 현대차다운 것 같아요.

앞으로 현대차에서 해보고 싶은 일이 무엇인가요?

공모전에서 수상했다는 사실은 잊어버리고 끊임없이 도전해 나가려 해요. 차량 개발 경험을 쌓는 데 집중하면서 새로운 바람을 불어넣는 시도를 계속해 보려고요. 자동차 트렌드가 빨리 변하는 만큼 앞으로 현대차가 차체 설계 트렌드를 리드해 나갈 수 있도록 기여하고 싶어요.

무엇보다 제 도전에 대한 이력 관리를 해 나갈 생각이에요. 단순히 보고서만 올리고 끝나는 게 아니라 각 시도에서 왜 성공하고 실패했는지를 정리하려고요. 그걸 통해 저와 비슷한 길을 걷고 있을 동료들의 의사결정에 도움을 줄 수 있지 않을까요.

"해킹한다는 건 '일을 잘하는 것'과 비슷해요. 상식을 깨고 도전하니까요."

현대차에는 해커가 있다. 차량이 사이버 공격을 받지 않도록 리스크를 사전에 파악하여 보안 체계를 강화하는 VCS팀의 화이트해커 조주봉 전문위원이다. 국제 해킹대회 코드게이트, 데프콘 등의 1위 수상 경력 조주봉 위원이 현대차에 합류한 이유는 무엇일까. 그는 동료들에게 해킹하듯 일하고, 해커처럼 살아보길 권한다. 해커는 남들이 똑같이 걸어간 99%의 방식이 아닌 독창적인 1%의 방법을 찾아 문제를 해결해야 한다. 그리고 그 안에서 찾은 재미로 삶과 일을 대한다. 기존의 틀을 깨고 자신만의 즐거움과 더 나은 길을 만드는 조주봉 위원의 이야기를 들었다.

VCS팀

조주봉 전문위원

인생을 '해킹'하다

자기소개 부탁드려요.

영화 〈분노의 질주〉 보셨나요? 악당이 운전 중인 차의 제어판을 해킹해 원격으로 조종하는 장면이 나오는데요. 저는 현대차에 이런 일이 생기지 않도록 사이버 보안을 담당하는 Vehicle Cyber Security, VCS팀의 조주봉이라고 합니다. 보안보다 '해킹'이라는 단어가 잘 어울리는 팀에서 일하고 있어요.

해킹이라는 분야는 늘 뒤에 감춰진 듯해 생소한 느낌이에요. 이해하기 쉽게 설명해 주실 수 있을까요?

퀴즈 하나 낼게요. 1부터 10,000까지 숫자를 모두 더하면 얼마일까요? 문제를 풀기 위해선 1부터 10,000까지 모든 숫자를 처음부터 끝까지 전부 더하면 되죠. 그런데 문제를 다르게 풀 수도 있어요. 처음과 끝자리 숫자를 먼저 더한 뒤, 중간값 5,000을 빼내 곱하면 됩니다. 훨씬 빠르고 쉽죠? 어떤 사람은 첫 번째 방식으로 일해요. 본인 스스로 열심히 일한다고 생각할 거예요. 하지만 효율적인 방법을 택하는 사람도 있어요. 그리고 남는 시간을 다른 데 투자해 더 많은 일을 해내죠.

해킹한다는 건 '일을 잘하는 것'과 비슷해요. 해킹은 상식을 깨니까요. 해커는 개발자가 만든 루틴을 그대로 따라가지 않아요. 개발자가 생각하지 못한 방향으로 코드를 바꾸고 쉽고 빠른 방법으로 기존 시스템에 접근해요. 그런 의미에서 저는 이 글을 읽는 분들이 인생을 해킹하듯 살면 좋겠어요. 남들과 똑같은 99%의 방식이 아닌 독창적인 1%의 방법을 찾는 거죠.

해킹을 시작하신 계기가 궁금해요.

어릴 때부터 항상 취미와 특기로 컴퓨터를 적었어요. 매일 컴퓨터를 고치고 프로그램을 만드는 게 즐거웠어요. 이후 아르바이트를 하다가 해킹 동아리 사람들과 보안 회사를 차렸는데 사기를 당했어요. 창업 1년 만에 회사가 쫄딱 망했고 갈 곳이 없어 공원에서 노숙까지 했죠. 취업에 도전했는데 4년제 학위 없이는 불가능하더군요.

그땐 현실이 원망스러웠어요. 기술력만으로 인정받을 순 없을까 고민하다가, 누군가 만들어 둔 규칙에서 벗어나 세상의 틀을 내 방식대로 해킹하자 결심했어요. 남들보다 한발 늦은 만큼 빠르게 높은 곳으로 올라가야겠다고 마음먹은 거죠. 학점은행제로 6개월 만에 대학 졸업장을 확보하고 평일 낮에는 회사, 밤에는 아르바이트, 주말에는 자격증 시험을 보러 다녔어요. 석사 과정을 밟으며 IT회사에서 병역특례를 수행하고, 이후엔 박사 과정을 수료했죠. 그다음에는 국내외에서 열리는 모든 해킹 대회에 나갔어요. 세상에 '조주봉'이라는 사람을 알릴 수 있는 가장 빠른 방법이었거든요. 총 25번 수상하면서 언론의 주목을 받았어요. 보안 업계에서도 빠르게 인지도를 쌓았죠. 저라는 사람을 바꿨더니 세상이 달라진 거예요.

해킹 대회 1위를 포기하며 얻은 것

해커로서 짜릿했던 순간이 있었나요?
국제 해킹 대회 '코드게이트'에 나갔을 때가 기억나요. 당시 저희 팀은 우승이 유력했는데, 주최 측 실수로 마지막 문제 패스워드가 노출됐어요. 그 패스워드만 입력하면 1등을 할 수 있었지만 부끄러운 방법으로 우승하기는 싫어서 입력하지 않았어요. 하지만 다른 팀들은 패스워드를 시스템에 입력했고 저희는 최하위 점수를 기록했죠.
1년 뒤, 같은 대회에 다시 출전했어요. 위기가 있었지만 대회가 끝나기 10초 전에 답을 입력하면서 대역전에 성공했습니다. 그때의 기쁨을 잊을 수가 없어요. 돌이켜보면 첫 번째 대회 때 꼴찌 하길 잘한 것 같아요. 노출된 패스워드로 1위를 했다면 아마 저는 더 성장하지 못했을 거예요. 도태되는지도 모른 채로요. 그 시간이 있었기에 저만의 방식으로 우승하는 방법을 찾기 위해 노력한 경험이 남았죠.

해커로서 최고의 자리에 오르셨는데 어떤 계기로 현대차에 입사하셨는지 궁금해지네요.

라스베이거스에서 열리는 해커들의 올림픽 '데프콘'에 나갔어요. 우승했지만 저와 함께한 젊은 친구들은 주목받지 못하고 제 이름만 더 알려지는 상황이 벌어졌어요. 더 이상 대회에 출전하지 말아야겠다고 생각했죠. 저도 우승만 바라보다 해킹을 즐기는 법을 잊은 것 같았고요. 그때 여러 회사에서 함께 일하자는 제안을 받았는데, 그중 한 곳이 현대차였어요.

다양한 회사 중 현대차를 선택한 이유가 있을까요?

현대차를 택한 것은 두 가지 이유 때문이에요. 자동차를 해킹해 본 적은 없어서 이 분야에 끌렸고, 당시 합류할 팀이 TFT인 점이 마음에 들었어요. 팀을 만들어 가는 단계라 도움을 줄 수 있을 거 같아 호기심이 생겼거든요. 짜인 틀 안에 들어가는 대신 팀을 만들며 도움이 되는 사람이고 싶었어요.

기대한 바를 이루고 계시는지 궁금해요.

제가 만난 팀원들은 재야의 숨은 고수처럼 자유롭지만 각자의 영역에서 수많은 일을 해내는 게 멋있어요. 저희 팀은 사고 대응 업무를 많이 수행하고 직접 개발한 프로그램으로 현대차의 정보를 수집해요. 누군가 우리 차를 해킹한 것 같으면 사고 대응 채널에 올려서 정보를 수집하고, 관련 부품을 외부에서 구매해 똑같이 해킹당할 수 있는 환경을 만들어요. 리스크를 직접 실행해 보고 판단해 보안 체계를 강화하는 거예요. 대기업이지만 빠른 속도로 일이 진행되는 걸 보면서 놀랐어요. 유럽에서 차를 판매할 때도 규제가 워낙 많아 쉽게 해결하기 어려운 문제가 많았는데요. 팀원들은 몇 달에 걸쳐 소통하면서 결국 인증을 받아내요. 저는 미친 사람들, 미친 팀, 미친 회사라고 표현합니다.

제 커리어에서 현대차 근무 기간이 가장 길어요. 멋진 사람들과 일한 덕분이고, 앞으로의 도전 역시 기대되고 설레요. 그런 의미에서 '현대차에 다니는 조주봉'이 아니라 '조주봉이 다니는 현대차'가 되면 좋겠습니다. 저도 팀원들처럼 최선을 다하고 회사에 꼭 쓸모 있는 사람이 되고 싶어요.

해커처럼 일하는 법

인터뷰의 시작에서 모두가 인생을 해킹하듯 살면 좋겠다고 해주셨어요. 해커답다는 건 무엇일까요?

해커에게는 꼭 필요한 능력 두 가지가 있어요. 하나는 '재미를 찾는 것'이고요. 다른 하나는 '정보 공유'입니다. 해커는 즐기지 않으면 해킹을 할 수 없어요. 해커는 누군가 이미 만들어 놓은 길인 코드를 깨는 사람이잖아요. 개발자가 만들어 놓은 프로그램을 다르게 상상할 수 있어야 하죠. 기존 방식을 건너뛰고 잠긴 문을 여는 방법을 수천 가지 떠올려야 해요. 하나씩 대입해 보면서 내 상상이 맞는지 찾아가는 과정을 거쳐야 하는 거죠. 스트레스가 크기 때문에 즐기지 않으면 할 수 없는 일이에요.

다른 하나는 정보 공유예요. 내 지식을 밖으로 내놓는 순간 많은 도움이 돼요. 정보를 공유하고 상대와 대등한 위치에서 대결해야 성장할 수 있거든요. 해킹은 똑같은 과정을 거쳐도 절대 동일한 길을 걸을 수 없어요. 창의적이고 상상력이 필요하기 때문이죠. 실력이 뛰어난 해커일수록 정보 공유를 잘해요. 이길 자신이 있으니까요.

해커는 늘 위기를 고민해야 해서 그 무게가 클 것 같아요. 위원님은 일 안에서 어떻게 중심을 잡으시나요?

'열심히 하지 말고 잘하자.' 제가 스스로 늘 하는 말입니다. 일을 그냥 하는 게 아닌 잘하기 위해서는 그 기준을 '나'로 삼으면 되고요. 어제의 나보다 오늘의 내가 좀 더 잘하고 있다면 그 자체로 충분히 멋지다고 생각해요. 몇 년 후에는 좀 더 나은 내가 되어 있을 테고요.

"최전선이 아닌 최후방,
우리가 해결 못 하면 큰일 난다고 생각해요."

세계에서 가장 큰 자동차 공장인 현대차 울산공장은 연 140만대 자동차를 생산한다. 1968년 창업주 정주영 선대회장은 "우리의 가장 큰 무기는 세계에서 가장 우수한 기능공"이라고 말했다. 우수한 직원들의 헌신과 노력으로 한국 자동차가 세계 시장을 휩쓸 것이라던 그의 예견은 현대차만의 일하는 방식인 집요함과 긍정 에너지, 과감한 도전으로 증명됐다. 모든 생산 공장의 기준이 되는 마더팩토리Mother Factory 울산공장만의 완벽주의와 경청하는 태도에 대해 배근호 보직과장과 장준규 매니저를 만나 이야기 나눴다.

왼쪽부터 배근호 보직과장, 장준규 매니저

의장1부

배근호 보직과장
장준규 매니저

현장에 답이 있다,
수많은 소통을 기반으로 찾은 솔루션

자기소개 부탁드립니다.

배근호 의장1부 공정기술과 보직과장을 맡고 있는 배근호입니다. 신차 및 파생차의 양산 협의 주관, 양산 차종의 가동률, 품질, 수익성 관리부터 구성원 안전, 작업 환경 개선 등 생산 현장의 최접점 업무를 하고 있어요.

장준규 의장1부 공정기술과에서 근무하는 장준규 매니저입니다. 크게는 실내 대부분의 부품을 차지하는 내장 시스템 품질 업무를 맡고 있어요. 이외에도 양질의 차량이 생산될 수 있도록 신차·양산차 등의 조립 품질을 개선하고 현장과 긴밀하게 소통을 합니다.

울산공장 의장1부에는 약 2,200명의 직원이 있어요. 이렇게 많은 직원과 어떻게 일하시는지 궁금해요.

배근호 생산은 라인을 효율적으로 운영하기 위해서 여러 부문과 협업이 필요해요. 저는 공정 기술 담당으로 라인에 좀 더 특화해서 타 부서 사람들과 일을 많이 하고 있어요. 장준규 매니저님은 기술파트장, 기술그룹장뿐만 아니라 현장 작업자까지 거의 전부를 직접 만나 이야기하며 노력을 많이 기울이죠.

장준규 하루에 보통 20~30명 이상을 만나 뵙는 것 같아요. 신차 양산 초기에는 전화가 정말 많이 와요. 하루는 전화가 너무 많이 와서 세어봤더니 100통이 넘더라고요. 상대적으로 익숙하지 않은 신차 작업이 어렵거나 잘 안된다며 연락을 많이 하시는 편이에요. 생산 조립이 단순하고 쉬운 업무라 생각하실 수 있지만 전혀 아니예요. 단순히 한 대 수준이 아니라 하루에 8시간씩 700~800대 이상 작업하기 때문에 힘들 수밖에 없어요. 저는 최대한 작업성을 좋게 만들어 드리기 위한 고민을 해요.

사무실보다 현장에 더 오래 계실 것 같은데요. 실제 현장에서 일을 많이 하시나요?

배근호 거의 모든 솔루션을 현장에서 찾아요. 이동석 대표이사님은 "무조건 하루에 2번 이상은 현장에 가라."라고 말씀하세요. 생산 공장의 장점이 현장에서 직접 볼 수 있고, 시간당 만드는 차량 대수가 많아 빨리 문제를 파악하여 해결책도 찾을 수 있다는 거예요. 또 현장 작업자분들과 같이 고민하다 보면 답이 나오기도 하죠.

장준규 현장에서 2,000명 넘는 분들과 소통하다 보면 시야가 넓어져요. 한 파트에서 하루 400대, 한 달에 8,000대 이상 만들기 때문에 자기만의 노하우와 전문성을 갖춘 숙련 기술자분이 많아요. 베테랑 작업자분들이 문제점을 먼저 파악하고 알려주신 덕분에 품질이 개선되는 경우가 자주 있죠.

현장과 긴밀하게 일을 하시는군요. 최초 전기차 전용 생산 라인 구축 때는 어떠셨어요?

배근호 개인적으로 기억에 많이 남는 업무예요. 아무래도 첫 전기차 라인이다 보니 새롭게 협의할 사항도 많고 이슈가 산적했어요. 라인 내 필요 인력도 줄어드는 상황이라 현장에서 내 자리가 없어질지도 모른다는 불안감이 있어 많이 설득해야 했어요. 노사 각자 의견이 있지만 저희는 회사 원칙을 지켜야만 하잖아요. 특히 첫 타자로서 이번 협의가 앞으로의 기준이 되기 때문에 더욱 원칙을 고수할 수밖에 없었어요. "배 책임은 숨 쉬는 소리도 못 믿겠어."라는 얘기를 들을 정도로 갈등이 깊어지기도 했었죠. 하지만 노사 모두 첫 전기차 전용 라인을 잘 구축하고 생산하자는 공동의 목표를 가지고 있어서 잘 마무리되었어요. 서로 양보하면서 접점을 잘 찾았다고 생각해요.

완벽한 품질은 기본,
모든 생산 공장의 기준점

울산공장이 현대차의 마더팩토리 역할을 하고 있어 책임감이 크시겠어요.

배근호 울산공장은 전 세계 현대차 공장의 기준이 돼요. 기본적으로 국내에서 기술과 품질을 모두 안정화시킨 뒤에 해외에도 적용하게 되는데요. 특히 울산공장에서의 품질 안정화가 중요하죠. 기술자분들이 파이롯트카를 다 손으로 만든 후, 품질 검증을 거쳐 안정화가 되어야 자동화를 할 수 있고 해외에도 보낼 수 있거든요. 저는 울산공장 생산 라인 기술자분들의 손기술이 최고라고 생각해요. 토크 소리만 들어도 어느 정도 조이는지 아시거든요. 울산공장의 오랜 기술력과 노하우가 다른 해외 공장들의 교본 역할을 하죠.

장준규 저도 울산공장이 선구자 역할을 한다고 느껴요. 울산공장과 해외 공장이 똑같은 차를 만들기도 하는데요. 미국이나 체코에서 문의 전화가 오면 국내에서도 해당 문제에 대해 함께 고민하죠. 저희의 개선 방식이 해외 공장에 도움이 됐다고 이야기들을 때면 뿌듯하더라고요. 확실히 울산공장만의 노하우가 있어요. 완벽한 품질은 당연하고, 우리 공장에서 할 수 있는 최선을 다하려고 해요.

마더팩토리의 역할이 확실히 다르네요. 울산공장 직원들만의 일하는 방식이 있을지 궁금해요.

배근호 저는 경청과 집요함 같아요. 노사가 함께 일하는 대표 사업장이다 보니 상대를 이해하고 들으려는 경청의 자세가 중요해요. 또 품질 문제가 생기면 다들 끝까지 해결하려고 해요. 퇴근도 개의치 않고 거의 모든 직원이 열정적으로 임하죠. 다 같이 품질을 고민하고, 필요하면 남양연구소 분들도 내려와서 밤늦게까지 파고들어요.

장준규 책임님 말씀처럼 다들 '우리가 뚫리면 끝이다!'라는 마인드로 일해요. 최전선이 아닌 최후방이기 때문에 우리가 해결 못 하면 큰일 난다고 생각해요. 그래서 다들 우직하게 일하는 것 같아요. 울산공장이 보수적이라는 오해도 있는데요. 오히려 자유롭게 의견 개진도 많이 하고 자기 주도적으로 일을 끌고 나갈 수도 있어요. 예를 들어,

조립 품질 개선 테스트 결과에 따라 설계 담당자들에게 수정 요청하는 일이 많은데요. 합리적인 이유를 바탕으로 설득해야 해서 기술 지식도 늘고 저변도 넓어졌죠.

의장부서는 자동차 회사에서 성장하기 정말 좋은 곳처럼 보여요. 앞으로 새롭게 해보고 싶은 업무도 있으신가요?
배근호 제가 전기차 전용 라인은 깔아봤지만, 전기차 전용 공장은 못 만들어 봤거든요. 울산 EV 전용 공장이 완공된 후에는 그쪽에서도 일해보고 싶어요. 앞으로도 회사에 필요한 역할을 충실히 하고 싶고, 최종적으로는 제가 지금까지 쌓아온 노하우를 후배들에게 전수하고 싶은 마음도 있어요.
장준규 저는 계속 배우고 성장해야 할 시기 같아요. 일을 하다 보면 내가 많이 알아야 협조를 구할 수 있더라고요. 다른 업무가 있으면 배워보며 회사 전반을 더 알 수 있는 일을 하고 싶어요. 함께 일하는 동료들에게 폐 끼치지 않고 도움이 되고자 해요.

"고객 마음을 읽는 철저한 현지화,
인도 시장의 필승 전략이죠."

익숙한 환경을 떠나 새로운 시장을 개척할 때, 어떻게 현지 조건에 빠르게 적응하며 최고의 퍼포먼스를 낼 수 있을까? 최근 중국, 미국에 이어 인도가 세계 3대 자동차 시장으로 성장했다. 현대차는 2023년 인도 시장에서 누적 판매 800만 대를 돌파 하며 큰 성과를 냈고, 크레타를 필두로 SUV 판매 1위를 기록하며 성장세를 이어가고 있다. 날카로운 기획력과 책임감 있는 개발자 정신으로 현대차의 인도 시장 도전기를 함께하는 장민호 책임연구원의 이야기를 들었다.

MSV프로젝트3팀

장민호 책임연구원

고객에 맞춘 철저한 현지화,
성공의 핵심

자기소개 부탁드려요.

MSV프로젝트3팀 장민호 책임연구원입니다. 인도를 포함한 신흥 시장 개조차 개발을 담당하고, PM으로서 상품 기획부터 양산까지 모든 과정을 매니징하고 있어요.

현대차의 인도 시장 진출 과정을 설명해 주실 수 있을까요?

인도 시장에 진출한 지도 벌써 27년이 됐네요. 1996년 현대차인도법인HMI을 설립하고, 2년 뒤인 1998년에 생산 공장을 완공했어요. 당시 인도는 도로도 제대로 정비되지 않은 '자동차 불모지'라는 인식이 커서 회의적인 시각도 많았지만, 저희는 글로벌 자동차 업계 최초로 합작법인이 아닌 단독으로 인도 시장 진출을 결정했어요.

쉬운 선택이 아니었을 것 같아요.

맞아요. 하지만 요즘 성장 속도를 보면 선구안이 있었던 거죠. 인도는 이제 일본을 제치고 중국과 미국에 이어 세계 3위 자동차 시장으로 성장했어요. 첸나이 공장에서 누적 생산한 차량 1,150만 대 중 800만 대를 스스로 소화할 정도로 내수 시장 규모가 굉장히 크고요. 아직 가구당 승용차 보급률이 10%가 되지 않아 앞으로도 무궁무진한 성장 가능성이 존재하는 시장이에요.

신흥 시장인 만큼 고민이 많으셨을 텐데요. 인도 시장에 진출할 때 어떤 전략을 세우셨나요?

진출 초기부터 현재까지 이어져 온 필승 전략은 바로 '철저한 현지화'예요. 빈틈없는 시장 분석을 통해 현지 고객에게 필요한 차량을 제시하죠. 대표적으로 'SUV 크레타'가 있어요. 2010년대 인도 시장은 세단 중심에서 벗어나 SUV에 관심을 보이고, 고급차라는 인식도 갖게 됐죠. 인도는 특히 대가족 비율이 높아 공간이 넉넉하고 연비가 부담스럽지 않은 중소형 SUV를 선호했어요. 인도 경제가 주춤해 판매가 어려웠던

시기임에도 불구하고 당시 인도에서 시판된 SUV 모델 중 가장 빠르게 50만 대 판매를 달성했죠.

시장 진출 후 시간이 꽤 흘렀어요. 시장의 변화에 따른 유연한 대응이 중요할 것 같아요.

2020년 출시한 크레타 2세대에서는 IT 상품성을 보완한 '고급화된 현지화 전략'을 펼쳤어요. 인도는 일반 대중도 IT 기술에 관심이 높을 만큼 IT 강국이에요. 시장 특성에 맞춰 다양한 운전자 지원 시스템을 추가했고 실시간 차량 트래킹, 목적지 공유 시스템 등 인도에 특화된 40여 개의 커넥티드 서비스도 적용했죠. 수동 변속기 위주의 인도 시장 특성을 반영해 수동 변속기 원격 시동 사양을 업계 최초로 개발하기도 했어요.

고객 특성에 맞는 기능을 추가하고 개발하는 노력이 인상적이에요.

저는 모든 차량 개발이 등가 교환이라고 생각해요. 주어진 비용과 시간 내에서 얼마나 '갓성비' 있게 만들어 내느냐가 중요하기 때문이에요. 인도는 등가 교환의 툴이나 자원이 다른 지역에 비해서 한정적이에요. 시장 특성상 강세를 보이는 가격대, 차량 크기가 분명히 정해져 있고요. 앞서 말한 IT 측면 개선도 결국은 다른 부문에서 일부 기능을 포기하고 진행한 것이었어요. 주어진 틀 안에서 고객이 최대치의 경험을 누릴 수 있도록 저를 비롯한 많은 연구원분이 소수점 단위로 치밀하게 고민하고 있어요.

인도 시장에서 살아남은 비결,
무조건 방법을 찾겠다는 의지

인도라는 신흥 시장에서 차량을 개발하면서 특별히 어려웠던 순간이 있으셨나요?

신흥 시장 특성상 정부의 갑작스러운 요구가 많기 때문에 유연한 대응이 필요해요. 2022년 인도의 한 유명인사가 교통사고로 사망한 사건이 있어요. 인도 전체에 충격이 컸죠. 정부에서는 커튼 에어백, 안전벨트 알림 등 안전사양 의무화를 시행했어요. 보통 법규 의무화는 자동차 제조사와 충분한 논의를 거쳐 시행 시점을 정하는데요. 인도 정부는 저희 같은 글로벌 제조사의 의견을 잘 수렴하지 않는 경향이 있어 갑작스레 법규 시행을 통보받았죠. 이미 판매하고 있는 차에 갑자기 안전사양을 더하는 건 상당히 어려운 일이에요. 하지만 설계, 구매, 생산 모든 부문이 한 팀처럼 달라붙어 개발 기간을 신속하게 단축해 나갔죠. 그 결과 법규 시행 시점에 맞춰 모두 완료할 수 있었어요.

시장이 커지는 단계라 그런지 법규 및 규제의 변화가 큰 거 같아요.

맞아요. 또 디젤 게이트 사건의 여파로 실도로조건RDE 법규를 시행한 건도 예로 들 수 있는데요. RDE는 실험실에서 배기가스 배출을 시험하는 방식과는 다르게 실제 주행 조건, 즉 실도로에서 오염 물질 배출량을 측정하는 테스트 방식이에요. 당연히 변수가 많을 수밖에 없죠. 테스트가 더 강화된 거예요.

RDE가 적용되고 대부분의 경쟁사가 기준을 맞추기 어렵다며 디젤차 판매를 중단했어요. 하지만 우리는 포기하지 않았어요. 당시 인도 시장의 60%가 디젤차였거든요. '할 수 있을까?'를 고민하기보다는 '무조건 해야 한다.'고 생각했어요. 가격 상승과 성능 악화를 최소화할 방법을 끈질기게 찾아 새 기준을 다 맞췄어요. 집요하게 방법을 찾아서 배출 기준을 충족한 현대차의 노력이 현지 고객에게 좋은 인상을 남겨 기업 이미지에 많은 도움이 되더라고요. 현재까지도 꾸준히 배출가스 측면을 개선하며 크레타 디젤 모델을 판매 중입니다.

프로젝트 리딩을 위한
끊임없는 공부와 고민

PM으로 이 프로젝트에 참여하신 만큼 더욱 책임감이 크셨을 것 같아요.

PM은 다양한 부문의 의견을 들으며 소통하고 의사 결정해야 하기 때문에 자동차를 가장 잘 알아야 하는 직무 같아요. 내가 상대하는 사람들이 각 분야 최고의 전문가인 만큼 저 역시 자동차 기능과 부품에 대해 일정 수준 이상의 지식을 쌓아야 한다고 생각했어요. 고민 끝에 차량 관련 자격증 중 최고 난이도라고 불리는 차량기술사 자격증을 취득했죠. 프로젝트를 잘 리딩하기 위해 끊임없이 공부하고 자기 개발을 하고 있어요.

내연기관 차량을 담당하는 연구원으로서 나의 역할은 무엇일지 고민하기도 해요. 자동차 산업의 전반이 친환경 모빌리티 방향으로 갈 거예요. 결국은 '공존'이 정답이겠죠. 특히 인도와 같은 신흥 시장 고객들은 현실적으로 가격이 싼 내연차를 선택할 수밖에 없어요. 환경을 생각하는 내연차가 필요한 시점이죠. 내연기관의 자연스러운 퇴장을 기다리는 게 아니라, 친환경적인 내연기관차로 거듭날 수 있도록 개선 작업을 고민하고 싶어요.

책임님이 현대차에서 그리는 다음 단계는 무엇인가요?

인도 시장에서 현대차는 정말 잘 해내고 있고, 앞으로 몇 년간은 쭉 상승세를 예측해요. 하지만 빠르게 성장하는 만큼 변화가 많은 시장이라 방심하지 않고 우위를 지켜내고 싶어요. 지금 판매하고 있는 차부터 추후 공개할 차까지, 앞으로도 고객의 니즈를 철저히 파악하는 '현지화 전략'을 유지해 나가려고 합니다.

구매 전략		제도 기획
	구매 관리	

"담당 부품은 곧 나라는 책임감,
끊임없이 성장할 수 있는 원동력이죠."

반도체는 자동차에 들어가는 수만 개 부품 중 하나지만, 반도체가 없다면 자동차를 만들 수 없다. 3년간 코로나와 러시아-우크라이나 전쟁 등으로 인해 전 세계가 사상 초유의 반도체 수급난을 겪을 때, 현대차그룹은 위기를 잘 헤쳐가며 글로벌 Top3 판매 실적을 달성했다. 큰 회사일수록 유연하기 어려울 것이라는 편견을 깨는 현대차의 실행력이 돋보였다. 더불어 구매본부의 A.C.E.들은 위기를 극복할 수 있었던 방법으로 구매본부의 주도적이고 집요한 일하는 방식을 꼽는다. 구매본부의 일하는 방식을 실천하는 숨은 히어로들을 만나보았다.

왼쪽부터 이태균 책임매니저, 유준상 매니저, 최다예 매니저, 김용하 책임매니저

구매원가전략팀	반도체구매팀
유준상 매니저	**이태균 책임매니저**
샤시부품개발2팀	샤시부품구매2팀
최다예 매니저	**김용하 책임매니저**

예상치 못한 변수,
빠른 대응과 중장기적인 대비

자기소개 부탁드려요.

이태균 반도체구매팀 이태균 책임매니저입니다. 구매본부 내 A.C.E.로 선정되었고, 반도체 구매 업무를 담당하고 있어요

유준상 구매원가전략팀 유준상 매니저입니다. 구매본부 업무 포상 제도인 A.C.E. 운영을 담당하고 있어요.

김용하 샤시부품구매2팀 김용하 책임매니저입니다. 개발팀에서 7년 정도 근무를 하고, 현재는 타이어와 휠 구매 업무를 하고 있어요.

최다예 샤시부품개발2팀 최다예 매니저입니다. 신차 및 개조차 휠타이어 개발을 담당하고 있어요.

2~3년간의 반도체 공급망 이슈, 얼마나 심각했나요?

이태균 당장 다음 주면 현대차 라인이 끊길 만큼 급박한 상황이 수시로 발생했어요. 부품사들이 반도체 회사를 설득하고 반도체를 하나라도 더 받아내야 하는데, 힘들어진 거죠. 결국 우리 본부 실무자들과 임원분들이 바로 유럽으로 날아가서 반도체사에 미팅을 요청했어요. 당장 다음 주까지 반도체를 구해야 했으니까요.

반도체는 현대차가 아니라 부품사가 관리했기 때문에 기존에는 반도체사와 접점이 거의 없었어요. 반도체사에서는 '왜 갑자기 자동차 회사에서 연락을 하지?' 하며 만나주지도 않았죠. 당시 코로나로 유럽과 북미에 있는 반도체사 건물도 다 폐쇄되었는데, 호텔 로비에서라도 잠깐 이야기하자고 설득했어요.

만나주지도 않는다니 정말 심각한 상황이었네요.

이태균 처음에 반도체사들이 저희를 만나주지 않았던 이유는 그들도 난감했기 때문이었던 것 같아요. 공급하는 반도체 수량에는 한계가 있는데 너무 많은 곳에서 요청이 오니까요. 저희가 본사까지 찾아갔는데도 안 만나주니 그 앞에서 영상 회의를

할 정도였어요. 이렇게까지 하니 그들도 저희 제안을 한 번 더 고려해 보게 되지 않았나 싶어요. 나중에 어떤 반도체 회사는 그러더라고요. "유독 한국에 있는 자동차 회사 관계자들은 미친 듯이 찾아온다."고요. 반도체를 한 톨이라도 더 확보하기 위해서 어떻게든 접점을 만들어야 한다는 마음이었죠.

현지까지 찾아간 보람이 있었군요. 매번 찾아갈 수는 없으셨을 텐데 또 다른 해결 방법은 어떤 게 있었나요?

이태균 공급 이슈를 중장기적으로 해결하려면 당장의 수급을 챙기는 것 외에도, 우리는 당신들과 지속적으로 함께 할 파트너라는 걸 반도체 회사에 보여줘야 했죠. 긴밀한 관계를 빠르게 형성하기 위해 주요 차량용 반도체 회사들의 CEO와 저희 본부장님을 비롯해 탑 리더 간의 정기 회의체를 도입했어요. 2년 전부터 시작한 정기 회의체를 지금까지 이어올 정도로 많은 노력을 했죠. 이 관계를 바탕으로 반도체 공급 계약을 맺어 중요한 자재들을 확보할 수 있었어요.

그리고 기존에는 주요 반도체 부품일지라도 부품사에서 일괄 관리했는데, 현대차에서 직접 선정하기 시작했어요. 처음에는 '그걸 현대차가 갑자기 왜 해?'하는 반응이었죠. 하지만 지금은 대부분의 완성차 회사에서 차량용 반도체를 선정하고 확보하며 업무 영역을 확대해 나가고 있어요.

직접 대응해 나간 거네요. 그런 방법들이 효과가 있었나요?

이태균 반도체사들과 신뢰를 쌓으려 노력한 게 효과가 있었어요. 반도체사 담당자들이 하는 말이, 밖에서 보던 현대차의 모습이랑 직접 겪어봤을 때가 달라서 놀랐다는 거예요. 딱딱한 회사라고만 생각했는데 굉장히 수용력 있다고요. 협상 과정에서 그들이 제안한 것을 가감 없이 듣고 최대한 지키려고 했거든요. 다른 제조사보다 현대차가 반도체 공급 이슈가 적었다는 신문 기사를 많이 보실 수 있는데요. 현대차의 실행력과 수용력이 굉장히 큰 기여를 했다고 자신해요. 그 덕분에 반도체 공급이 많이 원활해졌고요.

현대차가 다른 제조사보다 능동적인 대응을 할 수 있던 이유는 무엇일까요?

이태균 구매본부 모든 직원의 머릿속에는 '라인이 절대 끊겨선 안 된다.'는 책임감이 깊게 박혀 있는 것 같아요. 라인이 끊어지면 내부 피해도 있지만 저희 뒤에는 수만 명의 협력사 임직원들도 있거든요. 저는 한국의 그 어떤 기업보다 현대차가 어려워지면 국가적으로 큰 어려움이 생길 거라고 생각해요. 사람 몸에 있는 실핏줄처럼 현대차가 관리하는 소규모 업체가 굉장히 많거든요. 그런 상징성이 있는 회사인 만큼 더욱 나의 업무에 책임감이 생겨요. 내가 하는 일이 산업에 기여하면 결국은 모두에게 더 좋아지는 거겠죠.

김용하 내가 담당한 부품은 구매본부 내에서 내가 제일 잘 알아요. '담당 부품은 곧 나다!'라고 할 수 있죠. 직접 업체 선정부터 개발, 성능 향상 및 품질 안정화까지 담당한 부품을 외부 환경으로 인해 공급하지 못한다는 건 부품 담당자로서 받아들이기 어려운 일이에요.

작은 인정이
더 큰 도전으로 이어지는 문화

이태균 책임님의 집요한 노력이 인정받아 구매 A.C.E.로 선발되셨나 봐요. 구매 A.C.E. 제도에 대해서도 듣고 싶어요.

유준상 구매 A.C.E. 제도는 담당자 본인이 아이디어를 내서 실행했던 프로젝트에 대해 본부 구성원들이 직접 평가하는 포상 체계예요. 기존의 하향식Top-down과는 달리 구성원 개개인이 주도적으로 수행했던 업무를 제안 형식으로 어필하는 상향식Bottom-up 포상 제도인데요. A.C.E. 제도를 통해 자기 PR 기회를 마련해 드리는 거죠.

첫 1년 동안은 구매본부 구성원의 원가 마인드를 제고시키는 취지에서 관련 제안들로 포상을 진행했어요. 하지만 현재는 구매본부가 하는 모든 업무로 분야를 확대해 차종 양산 이전부터 양산 이후의 원가 개선, 품질 및 공급망 관리까지 8가지 분과로 나누어 운영하고 있어요.

구매 A.C.E. 제도에 대한 실제 구성원들 반응은 어땠나요?

유준상 구성원 대상으로 A.C.E. 제도가 어떤 부분에서 동기 부여가 되는지 설문조사를 한 적이 있는데요. 처음에 저는 당연히 금전적 보상이 큰 비율을 차지할 거라고 생각했어요. 그런데 무려 40% 정도가 '자신의 성과에 대한 인정'을 가장 큰 동기부여 요인으로 꼽았어요. 내가 한 업무를 회사 차원에서 인정해 주고, 잘했다고 얘기해 주는 게 업무에 원동력이 되는 거죠. 그래서 금전적 보상을 드리는 것 외에도 포상이 결정되면 본부 전체에 공유하고 본부장님 주관으로 시상식도 진행해요. 본인이 낸 성과에 자부심을 느낄 수 있도록 고민하며 제도를 운영하고 있어요.

제도를 운영하시면서 특별히 기억에 남는 수상자가 있을까요?

유준상 제도를 처음 시행했을 때 자율주행구매팀에서 대상을 받으신 전준연 책임님이 특히 기억에 남아요. 새로운 소싱 프로세스 도입을 통해 원가를 절감하는 아이디어인데요. 책임님이 해당 업무를 수행했을 때는 구매본부 A.C.E. 제도가 없었는데, 제도가 생긴 이후 포상을 받으신 사례예요. 본인이 자발적으로 수준 높은 업무를 수행했다는 점이 놀라웠고 A.C.E.라는 제도를 통해 성과를 공식화하게 돼 의미가 있었죠. 해당 내용을 저희가 전사 포상 제도에 올려 수상까지 이어졌어요. 후에 전사적으로 성과를 인정받은 게 굉장히 뿌듯하다며 따로 고맙다는 연락도 주셨죠.

3년 동안 운영하시면서 A.C.E. 제도가 직원들에게 긍정적인 영향력을 끼친다고 느끼신 순간은 언제인가요?

유준상 처음에는 A.C.E. 제도에 부정적이었던 의견들이 긍정적으로 바뀐 걸 보고 영향력을 실감했어요. 운영 초반에는 "내 업무만 해도 바쁜데 제안까지 제출해야 되냐."라는 의견도 있었거든요. 하지만 이제는 구성원들이 먼저 연락해서 내가 했던 업무를 올리고 싶은데 어떻게 해야 하는지 참여 방법을 물어봐요. 주변 동료들이

A.C.E. 제도 포상을 받는 걸 보면 나 역시 의욕이 생기거든요.

모든 일에 당연한 건 없다고 생각해요. 구매 업무를 하면 조달을 하고 원가를 절감하는 게 당연하다고 생각할 수 있지만, 그 안에서 자기만의 시선으로 방법을 찾아내 적용할 수 있는 사소한 아이디어가 많거든요. 작은 성과들도 인정하고 포상함으로써 동기부여를 높이고 더 큰 도전에 적극적으로 참여할 수 있도록 도와주는 것이 구매본부의 목표입니다.

더 잘하기 위한
자발적인 노력

구매본부엔 A.C.E. 제도만큼이나 핫한 '타조알' 모임이 있다고 들었어요.

김용하 '모여서 이롭게 잡Job' 하자는 뜻으로, 공통된 주제를 가진 사람들끼리 학습하여 업무 전문성을 키우자는 취지의 프로그램 '모이잡'이 있어요. 제가 멤버로 참여한 '타조알'은 2022년 구매본부 최우수 모이잡으로 선정되었는데요. '타이어 조금 알아보기'의 줄임말로, 타이어 휠 구매와 개발 담당자 8명이 모여 타이어를 공부하기 위해 만들었죠.

추가 업무 학습을 위한 모임이라니, 계기가 있을까요?

김용하 구매본부는 업무 범위가 굉장히 넓어요. 저는 타이어 회사에서 15년 근무한 경력으로 개발팀에 입사했지만, 프로젝트 매니지먼트 업무를 하다 보니 그쪽 영역에만 특화될 수밖에 없더라고요. 반면 연구소분들은 이론적인 지식에 특화되어 있죠. 타이어가 자동차 성능과 큰 연관이 있다 보니, 분야별 담당자들끼리 모여 지식을 공유하면 내 업무뿐 아니라 구매본부 전체 업무에 실질적인 도움이 되겠다고 생각했어요.

구매본부에서 가장 중요한 게 부품 구매 담당자와 부품 개발 담당자가 소통이 잘되는 것이거든요. 하지만 각각 양재본사와 남양연구소에 떨어져서 근무하다 보니 만날 기회가 잘 없어요. 모이잡은 저희가 특정 부품을 함께 이해하고, 업무 진행이나 협의를 원활하게 할 수 있는 협업 창구 역할도 해줘요.

실제로 타조알 활동이 업무에 도움이 되었나요?

최다예 저는 신입 사원이라 타조알이 정말 큰 도움이 됐어요. 입사 후에 바로 휠타이어 개발을 맡았는데요. 이론을 아무리 공부해도 휠과 타이어 성능이 주행자에게 미치는 영향을 직접 체감하지 못하다 보니 업무를 하면서도 답답했죠. 타조알을 통해 경험 많은 책임님들께 휠·타이어 업무 기초 교육도 듣고 구매, 개발, 조달에서 타이어를 담당하는 모든 인원이 모여 직접 타이어 비교 평가도 해보니 업무 이해도가 높아졌어요. 이제는 남양연구소 내부 고속주행로에서 운전할 수 있는 A등급 라이선스를 따는 게 목표예요. 업무에 꼭 필요하다고 판단되는 사람들만 라이선스 테스트를 볼 수 있어 신청도 쉽지 않고 합격률도 20% 정도로 낮은데요. "타이어 담당자인데 어디까지 해봤어?" 했을 때, "이런 것까지 해봤어!" 말할 수 있으니 업무 몰입도가 달라질 것 같아요.

김용하 타이어 주행 성능을 경험하기 위해 HMG 드라이빙 익스피리언스 센터를 방문해 주행 교육을 받았던 게 큰 도움이 됐어요. 타이어는 자동차에 장착이 되고 주행을 하면서 성능이 나오는 부품이에요. 직접 주행을 하고 평가해 보지 않으면 어떤 타이어가 좋은 부품인지 알기 힘들죠. 서킷을 주행하며 '타이어를 극한까지 몰았을 때 이 정도까지 버틸 수 있구나.'를 직접 체감하고 타이어별로 점수를 매긴 것이 고객의 눈높이에서 적합한 타이어를 선정하는 데 도움이 됐어요.

업무 시간에만 이걸 다 공부하시긴 힘드셨을 것 같아요.

김용하 실제로 활동의 대부분을 주말에 했어요. 특히 주행 교육은 주중에 열리는 게 거의 없어서 멤버들끼리 주말에 따로 만났죠. 개인 시간과 비용까지 투자했던 가장 큰 이유는 재미있었기 때문이에요. 서로의 노고를 잘 아는 부품 담당자들이 모여서 같은 목적으로 공부하며 시너지 내는 게 회사 생활에서 흔치 않은 기회거든요. 멤버 중 한 분은 "회사 생활하면서 가장 즐겁고 유익한 시간이었다."라고 했어요. 자발적

학습 모임이 2년씩이나 유지되는 건 쉬운 일이 아니잖아요. 그만큼 본인의 일에 열정을 가지고 시간을 투자하는 것에 구매본부 임원분들께서도 지원을 많이 해주세요.

동료들과 함께 지내며 느꼈던 '현대차답게' 일한다는 것은 어떤 모습일까요?

유준상 실행력 같아요. 그만큼 변화도 빠르고요. 예를 들어 제가 입사하기 4~5년 전까지만 해도 정장에 타이를 매고 다녔다고 하는데, 지금은 그런 분위기가 전혀 없거든요. 자율 복장에 대한 리더분들의 생각이 회사 전체에 공유되고 실행되는 속도가 굉장히 빨랐던 거예요. 이러한 실행력이 현대차가 앞으로 나아갈 수 있는 원동력이라고 생각해요.

김용하 일단 방향성이 정해지면 추진하는 속도가 굉장히 빠른 유연한 회사라고 느껴요. 스타트업과 같은 작은 규모의 신생 조직과는 다르게 현대차 같은 조직이 변화를 보이는 건 쉬운 일이 아니거든요. 누구와 비교해도 손색없는 정도라고 생각해요.

앞으로 현대차에서 해보고 싶은 일은 무엇인가요?

이태균 소규모로 시작했던 반도체 업무가 지금은 팀 단위 조직으로 커졌어요. 그만큼 업무가 많아졌고, 앞으로도 반도체 업무는 더욱 다양해질 거예요. 많은 변화에도 반도체구매팀이 꾸준히 앞으로 나아갈 수 있도록 그동안의 경험과 지식을 실천하며 함께 성장하고 싶어요.

유준상 에이스들의 일하는 방식을 듣는 일을 하면서 다양한 업무를 접하다 보니 구매 실무를 해보고 싶어졌어요. 남들이 안 해본 일에 도전해서 '이 분야에서는 얘가 1등이다.' 하는 일을 해보려고 해요.

김용하 지금보다 더 큰 무대를 경험해 보고자 해요. 첫째는 주재원을 생각하고 있고요. 둘째는 상품이나 모터스포츠 쪽에도 도전하고 싶어요.

최다예 구매본부는 업무 영역이 굉장히 넓잖아요. 부품 개발 업무 외에 부품 구매 업무 경험도 쌓고, 역량 개발 쪽으로 가서 저 같은 신입 사원에게 제 경험을 바탕으로 지식을 나눠주는 업무도 해보고 싶어요.

02

함께라면
할 수 있다는 긍정 에너지

"29년 만의 중고차 시장 진출,
안 되는 일은 없다는 걸 증명하고 싶었어요."

'이미 해봤다, 안 된다.'라는 말을 들으면서도 해야 하는 일이라는 믿음으로 결국 목표를 이뤄낸 사람이 얼마나 될까. 현대차가 29년간 시도와 좌절을 반복한 중고차 사업에 진출한다는 소식이 2020년 대중의 환영과 함께 알려졌다. 그 배경에는 믿음을 현실로 바꾸기 위해 치열하게 공부하고 끝까지 회사를 설득한 비즈니스이노베이션1팀 서기홍 책임매니저의 노력이 있었다. 시키지 않은 일에 호기심을 가지고, 목표를 세워 노력을 쏟는 사람에게는 누구보다 빠르게 성장하는 자신만의 노하우가 쌓일 수밖에 없다. 어떤 순간에도 자신의 의지를 믿었던 서기홍 책임매니저를 만나 이야기를 들었다.

비즈니스이노베이션1팀

서기홍 책임매니저

관심과 몰입에서
탄생한 기획안

현대차의 국내 중고차 사업을 기획하신 분이라고 들었어요.

중고차 사업은 회사에서 29년간 시도했지만 실패했던 사업이에요. 국가에서 중고차 사업을 관리하던 시절도 있었고, 업계 내에서 우려의 목소리도 있었죠. 1993년부터 지금까지 꾸준히 진출하려고 했지만 매번 좌절했어요. 회사 내부에서도 당연히 회의적인 시각이 있었어요. 그럼에도 꼭 해야 한다는 생각이 들었죠. 결과적으로 현대차가 중고차 사업을 한다고 했을 때, 여론이 정말 좋았어요. 기사 댓글의 90% 가까이가 찬성한다는 반응이었죠. 그만큼 사람들이 현대차의 중고차 시장 진출을 손꼽아 기다렸다는 뜻이라고 생각해요.

책임님께서 중고차 사업에 관심을 갖게 된 계기가 있나요?

제가 마케팅팀에 있을 때, 외산차 관련 시장조사를 했어요. 자세히 들여다보니 외산차 브랜드는 모두 인증 중고차 사업을 하더라고요. 고객에게서 중고차를 구매하는 대신 신차 할인도 해줘요. 구매한 중고차를 리마케팅해서 인증 중고차로 판매하고, 그 마진을 다시 다양한 프로모션에 투입하는 비즈니스 구조예요.

말은 쉽지만 우리도 당장 할 수 있는 간단한 상황은 아니었어요. 대기업의 중고차 시장 진출을 제지하는 법 규제가 있었거든요. '생계형 적합 업종'이라는 규제가 생겼는데 거기에 중고차 매매업이 포함될지도 논의 중이었죠. 그 당시 팀장님께서 '기울어진 운동장'이라고 말씀하셨어요.

29년간 못 했으니 안 된다는 말에 회의감이 들었죠. 그러던 중 중고차 사업을 검토할 기회가 왔고, 제대로 해보고 싶다고 말씀드렸어요. 감사하게도 팀장님께서 기획에 집중할 수 있게 도와주셨어요. 한 달 반 동안 작은 회의실에 들어가서 온갖 논문, 법률, 자료를 살펴보며 기획안을 썼죠.

전문가가 되겠다는 마음으로 공부해
형성해 낸 공감대

팀장님의 든든한 지원이 있었군요. 주변의 회의적인 시각 때문에 어려움도 겪으셨을 것 같아요. 어떻게 기획을 이끌어가셨나요?

"어차피 안 된다."는 말을 많이 들었어요. 회사가 오랜 기간 중고차 사업을 고민한 만큼 제가 처음 시도한 게 아니었을 거예요. 게다가 현대차는 신차를 제조하고 판매하는 조직으로 세팅되어 있어요. 이 사업이 되려면 조직 전체의 관점을 바꿔야 했죠.

저는 새로운 비즈니스를 실행하려면 관계자 모두의 '공감'이 필수라고 생각해요. 중고차 사업은 내외부 모두의 공감을 끌어내야 했어요. 나 자신이 정말 철저한 전문가가 되어야 한다는 생각으로 공부했죠. 우선 과거에 만든 중고차 관련 보고를 자세히 살펴봤어요. 오히려 진행이 안 된 이유에서 새롭게 바꿀 수 있는 부분이 보이더라고요. 기획의 실마리를 거기서 얻었어요.

어떤 실마리인가요?

회사에 지금 이게 왜 필요한지를 공감할 수 있게 해야 하는데 '중고차 사업이 답이다.' 싶을 만큼 다양한 근거가 있었어요. 먼저 중고차 사업을 하면 고객 생애주기 관리가 가능해져요. 2030 세대가 첫 차를 합리적인 가격에 구매하고 싶을 때 중고차를 고려하잖아요. 거기서 고객들이 신차를 구매할 때 고려하는 여러 정보를 알 수 있고, 획득한 정보를 토대로 다양한 전략을 낼 수 있어요. 또 내부의 부정적인 시각 중에 중고차 판매가 신차 판매에 영향을 미칠 것이라는 점이 있었어요. 그런데 데이터 상으로는 중고차 판매가 올라가면 신차 판매도 올라가고 반대의 경우도 마찬가지로 같은 경향을 보였죠.

정부를 설득할 수 있는 포인트도 많이 찾았어요. 산업 부가 가치 측면에서 좋은 점이 많았거든요. 정부 관련자들을 앉혀놓고 국가적으로 도움이 된다고 설득할 수 있을 것 같았죠. 국내 중고차 시장은 신차 대비 1.4배 정도 규모인 반면 해외는 2배예요.

일본은 중고차를 신차만큼 수출해서 외화를 벌어들이고 있고요. 부가 가치가 엄청난데 못 하고 있는 거예요. 제가 기획안을 쓰던 당시, 대기업의 중고차 시장 관련 법안도 바뀌고 있었죠. 그때가 아니었다면 기획안이 통과되지 않았을 수도 있어요.

현대차 내부에서 찾은 답,
국내 최고 전문가 동료들

책임님의 집요한 설득력과 노력이 빛을 발했군요. 하지만 꿈을 현실로 만드는 건 더 쉽지 않았을 것 같아요.

현장을 정말 많이 나갔어요. 사업자분들도 만나고요. 중고차 사업은 오랫동안 영업해 온 사업자들이 있으니까 분명한 특수성이 있고 법적으로도 세세한 부분까지 정해져 있을 거라고 생각했죠. 그런데 오랫동안 사업을 해왔음에도 전문적이지 못한 부분이나 관행이 많더라고요. 그런 것이 다 소비자의 불편으로 이어지고 있던 거예요. 외부에 물어봐도 명쾌한 답은 얻을 수가 없다는 걸 깨달았어요. 오히려 "현대차는 어떻게 해요?" 이런 질문을 듣기도 했고요.

밖에서는 답을 찾을 수 없었네요. 이후에는 어떻게 사업 방향을 찾아갔나요?

내부 동료들에게 물어보기 시작했어요. 동료들은 그간 해온 것을 바탕으로 중고차에 빗대어서 어떻게 풀 수 있을지를 얘기해 주더라고요. 예를 들어 신차 물류와 중고차 물류가 뭐가 다른지 우리 회사의 물류 담당자분께 여쭤봤어요. 그랬더니 우선 공장, 물류사 등 관련 이해관계자한테 중요한 것들을 설명해 주시고, 해당 주요 요소에 대해 신차는 어떻게 하는지를 말씀해 주셨어요. 그리고 그걸 어떻게 중고차 시장에 적용할 수 있을지까지 함께 고민해 주셨죠.

현대차는 신차 판매에 있어서는 국내에서 독보적이에요. 완성된 차가 고객에게 인도되는 전 과정에 잘 다듬어진 시스템과 전문성이 있어요. 국내 최고 전문가가 바로 옆자리 동료인 거죠. 중고차에 몇몇 특수성이 있지만 신차 판매의 전문성을 중고차에 이식하면 되는 거였어요.

목표에 몰입하고 과감하게 뛰어드는 것, '현대차답게' 일하는 모습의 표본 같아요. 책임님은 어떤 마음가짐으로 일하시나요?
중고차 사업은 우리가 믿음직스러운 차를 만들고, 그 후에도 지속해서 고객들을 케어하면서 고객 가치를 실현한다는 관점으로 이끌어가고 있어요. 중고차 시장에는 고객이 겪는 '3불'이 있어요. 불안·불신·불편이죠. 이것을 투명·신뢰·편리로 바꾸는 것이 목표예요. 업계 최고 수준의 인증, 보증금, 전국적 A/S 프로그램, 더 편리한 구매 경험, 다양한 결제 방식, 신차와 같은 멤버십 등 현대차만이 제공할 수 있는 높은 가치의 고객 경험을 드리고 싶어요.

차체 설계   파이롯트 개발

차량 시험

"완벽하지 않음을
인정하는 용기,
오히려 완벽에 가까워지는
방법이죠."

완벽하다고 생각했던 내가 만든 차량에 믿을 수 없는 품질
이슈가 발생했다면 어떨까? 10년 넘게 국내에서는 단 한
건도 발생하지 않은 이슈가 3년 전 해외 특정 지역에서 발
생했다. 누구도 예상치 못한 문제 앞에서 현대차 연구원
들은 어떤 방법과 태도로 과업을 완수했을까. 완벽의 기
준이 환경에 따라 달라질 수 있다는 것을 인정하고, 예외
가 있다면 그저 해결하면 된다는 것을 보여준 바람소리
TFT 이야기. 연구원들에게도 다양한 현장 기회가 생기면
좋겠다고 말하며 새로운 도전을 기분 좋게 받아들이는
김대철 책임연구원, 최재호 책임연구원, 김종민 연구원에
게 새로운 성장 공식을 써 내려가는 과정을 들었다.

왼쪽부터 김종민 연구원, 최재호 책임연구원, 김대철 책임연구원

MSV소음진동시험팀

김종민 연구원

MSV클로저설계2팀

김대철 책임연구원

파이롯트개발2팀

최재호 책임연구원

극한의 환경,
문제 해결을 위한 공감대 형성

자기소개 부탁드립니다.

김대철 MSV클로저설계2팀 김대철 책임연구원입니다. 도어실링과 관련해 13년 정도 일했고, 2021년에 바람소리TFT에서 북미 환경 조건 반영 관련 조장을 맡았어요. 전반적인 방향성 설정 및 설계 구조 개선을 진행하며 초기부터 지금까지 마음에 큰 부담감을 안고 생활하는 중입니다.

최재호 주행 담당 최재호 책임연구원입니다. TFT에서는 시험 진행 및 개선 대책 수립 시 필요한 차량 재작업을 담당하고 있어요. 바람소리 문제의 원인 분석을 위해 차체 품질 점검 방법을 매뉴얼화한 체크리스트 설계에도 참여했습니다.

김종민 MSV소음진동시험팀 김종민 연구원입니다. TFT 내에서 바람소리 관련한 여러 가지 시험 평가를 담당해요. 문제 상황에 적합한 시험 환경을 결정하고 데이터 계측 및 분석을 맡고 있죠. 함께 계신 두 책임님과는 달리 TFT 발족 1년 후에 참여하게 되었어요. 앞서가는 책임님들의 진도를 따라잡기 위해 열심히 노력하고 있습니다.

바람소리TFT 이름이 참 예뻐요. 구체적으로 어떤 일을 하는 조직인지 설명 부탁드려요.

최재호 이름과 달리 아름다운 일로 느껴지진 않으실 거예요. 저희는 북미에서 발생한 바람소리 이슈에 대응하기 위해 만들어진 조직이에요. 팰리세이드는 양산 후 현재까지도 국내외에서 많은 인기와 높은 판매량을 보이는 현대차의 대표 차종인데요. 3년 전, 북미에서도 높은 판매량을 보이던 팰리세이드에서 예상치 못한 바람소리 문제가 제기됐어요. 휘슬 소음이 심각했는데 휘파람 소리와 유사하다고 보시면 돼요. 아마 우리나라에서는 이런 휘슬을 경험해 보신 분이 거의 없을 거예요. 저도 처음에 문제 영상을 보고 정말 당황했어요. 진짜 한 번도 겪지 못한 품질 문제였거든요.

김종민 이런 차가 필드에 나가면 정말 큰일 나는 거 아닌가 싶더라고요. 정규 개발 프로세스를 거친 차량에서 이런 현상이 나타난다는 게 믿기 어려웠어요. 해당 차종은 당시 전무후무한 높은 IQS* 점수를 받아 저희 내부에서도 큰 이슈였으니까요.

최재호 흥미로운 건 내수와 북미 판매 차 모두 울산공장에서 똑같이 생산하는데, 국내는 특별한 불만이 없고 왜 북미에서만 큰 문제로 나오느냐는 것이었죠. 이걸 파헤치기 위해 바람소리TFT는 2021년부터 지금까지 바람소리 현상들을 집중적으로 조사하고 개선 중이에요.

초기에 다들 그야말로 멘탈 붕괴였을 것 같아요. TFT는 어떻게 시작되었나요?

김대철 먼저 바람소리 문제가 낯선 분들을 위해 간단히 설명하자면, 일반적으로 자동차가 빠른 속도로 주행할 때 외부 형상 혹은 문틈이나 차체 사이의 틈으로 공기가 유동하면서 발생하는 소음을 말해요. 실링과 고무 몰딩이 바람소리를 줄이는 주요 역할을 담당하는데요. 제대로 설계가 되었는지 시험팀과 설계팀이 함께 확인하고 개선하면서 품질 수준을 높여갑니다. 바람소리 문제도 함께 협업해서 개선해야 하는데 TFT 초기 구성은 평탄치 않았어요.

어떤 부분에서요?

김대철 처음 TFT 세팅 당시 상황을 보면 조직 간 견해차가 분명했어요. 조금 부끄럽지만, 저를 포함해 많은 연구원이 '내가 담당하는 파트 때문은 아니야.' 하는 잘못된 확신을 가지고 문제에 접근했던 것 같아요. 제가 속한 설계 파트는 국내 시험을 통과한 차량이었기 때문에 실링 성능 확보는 문제가 없을 거라 생각했어요. 구조적으로 경쟁사에 뒤처질 게 없다, 특히 실링 부분은 더 견고하다는 믿음도 있었고요. 오히려 시험법이 북미 환경 조건을 제대로 반영하지 못하고 있는 건 아닌지 의구심이 들었죠. 점점 시험과 의견 차가 생기게 되었어요.

*IQS: 글로벌 시장조사업체 J.D.POWER의 신차품질조사(IQS, Initial Quality Study).

큰 문제일수록 혹시 내 잘못일까 두려울 수 있죠. 시험 부문 의견은 어땠나요?

김종민 시험도 비슷한 상황이었어요. 저는 TFT에 중간에 투입되었지만, 선배들 말씀을 들어보면 저희도 시험 탓은 아닐 거라고 생각했다고 하더라고요. 일단 연구소 내 바람소리 시험법은 선배들의 오랜 노하우가 집약된 평가법이기도 하고, 환경 열악 조건까지 감안하여 시험을 진행했으니까요. 기존에 수많은 차종이 시험을 통과하여 북미에 팔리고 있었기 때문에 저희는 차량 북미 이송 중 부품 변형이나 성능 악화로 원인을 추정하였죠. 그래서 설계 단계의 실링 강건 구조 마련이 더 필요하다고 생각했어요. 실링 성능이 강건하면 바람소리 성능은 좋아진다고 판단했거든요.

최재호 저도 설계와 시험 두 부문의 이견 때문에 시간을 상당히 보냈다고 들었어요. 한창 이야기가 평행선을 달릴 즈음 저희 파이롯트도 TFT에 합류하게 되었는데요. 큰 기대를 품고 왔는데 피 튀기는 설전이 벌어지고 있어서 적잖이 당황했던 기억이 나요. 하지만 결과적으로 TFT는 성공적으로 출범했어요. 모두가 사무실에서 이럴 게 아니라 '두 눈으로 확인해 보자.' 하는 마음이었죠. 현장에 가서 직접 점검해 보자는 공감대가 만들어진 거예요.

결국 직접 가서 확인해 보니 어떠셨나요?

최재호 협의 끝에 2021년 9월, 출장이 진행됐어요. 사실 저는 북미 출장을 가기 전까지 문제의 심각성을 제대로 깨닫진 못했어요. 오히려 문제 현상 재현이 어려울까 봐 걱정했을 정도였으니까요. 그런데 막상 가서 보니 망치로 머리를 얻어맞은 느낌이었죠. 과장 전혀 없이 사람이 날아갈 정도의 강풍이 불더라고요. 바람이 너무 세서 자동차 문이 안 열리고, 닫을 때도 자동으로 확 닫힐 정도였어요.

김종민 바람이 강해 풀피리 소리와 유사하게 들리는 '리드 노이즈'라는 소음이 발생한 거예요. 리드 노이즈는 매우 희귀할뿐더러 국내에서는 단 한 번도 발생하지 않은 문제였어요. 그런데 북미에 도착하자마자 듣게 되어 절망스러웠죠. 심지어 시험과 파일럿트에서는 당시 팰리세이드 담당이셨던 분들도 갔는데 표정이 말이 아니었다고 하더라고요. 기존에도 여러 차종에 대해 북미 현지 평가를 진행했지만 외부에서 풍속, 풍향을 정밀하게 체크하며 바람소리 영향도를 조사한 적은 없었어요. 그런데 정량적 평가를 해보니 풍속이 국내는 2m/s지만, 북미는 평균 7.5m/s에서 최대 19m/s까지 불어 애초에 한국과는 비교가 어려웠던 거예요. 저희가 파악 못한 극한의 환경이 북미에 존재한 거죠. 시험은 이러한 상황까지 고려해 사전에 평가하지 못했고, 더불어 설계 실링 구조에서도 문제를 막기엔 부족함이 있었던 거고요.

변화하는 완벽의 기준과
100% 완벽을 위한 노력

어떤 일이든 예외가 존재하는 것 같아요. 겪지 않으면 모르는 거죠.

최재호 저희 예상과 달리 미국에서는 일상적으로 충분히 발생할 수 있고 이미 빈번하게 발생하고 있는 문제였어요. 우리가 반드시 해결해야만 했던 거죠.

김대철 저희는 특수 환경 재현이 안 되면 어쩌지 걱정하면서 야심차게 43개의 샘플을 준비해 갔거든요. 그런데 북미에 도착하자마자 의미를 잃었죠. 특수 환경이 아닌 일상 환경이었으니까요. 처음에는 정말 막막했지만 금세 새로운 마음가짐으로 문제를 하나하나 파헤쳐야겠다는 생각이 들었어요. 우리는 흔히 본인이 하는 일에는 문제가 없다는 마음이 있어 이슈가 생기면 방어적으로 내가 아닌 다른 요인들을 먼저 의심하는 것 같아요. 그렇지만 우리 모두 완벽할 수 없거든요. 물론 완벽을 목표로 매번 최선을 다하지만 기술과 환경은 끊임없이 변하니까요. 놓친 게 있을 수도 있고요.

김종민 정말 공감합니다. 모두가 현실을 직시하고 관점을 바꾸면서 업무 속도가 급격히 빨라졌어요. TFT 참여에 다소 회의적이던 조직에서도 이런 부분을 설명드렸더니 기꺼이 도움을 주시고요. 지금은 총 27개 팀, 47명으로 바람소리TFT가 확대되었어요.

북미의 예외적인 바람소리 문제를 어떻게 풀어나가고 있나요?

최재호 어려운 이슈인 만큼 TFT 규모도 커졌고 근원적으로 문제를 해결하고자 계속 해결책을 확대하는 중이에요. 크게 세 파트로 노력을 기울이고 있어요. 첫째는 부품 강건 설계로, 바람소리 같은 불리한 환경 조건에서도 균일한 품질을 생산할 수 있도록 부품 개선 작업을 TFT 초기부터 설계팀 중심으로 해왔어요. 둘째는 시험법 강화인데요. 연구 과정에서 차량 실내압과 바람소리 간의 관계성을 새롭게 알게 되면서 이를 시험 매뉴얼에 반영하고 개선하는 작업이에요. 마지막으로 앞선 두 과정을 통해 완성된 품질이 공장 단계에서도 계속 유지될 수 있도록 신규 체크리스트를 개발하여 품질 관리를 중점적으로 진행하고 있어요.

문제 개선 과정에서 여러분에게 3년 동안 가장 기억에 남은 경험이나 배움은 무엇일지 궁금해요.

김대철 아무래도 부품 개선안을 찾기 위한 평가 과정이 기억에 남아요. 정말 힘들었거든요. 30°C 이상의 더운 날씨에 그늘도 없이 진행했죠. 환경에 업무를 맞춰야 해서 야간 및 주말 평가는 다반사였고, 시험하는 곳은 심지어 코요테가 출몰하는 지역이었어요. 체력적으로 힘들었지만 "가로등이 없으면 서로의 차 라이트에 의지해서 하면 되지."라고 말하는 팀원들을 보니 저도 자연스레 제 역할을 다해야만 한다는 생각

이 들었어요. 무엇보다 생생한 필드에서 바로 평가하고 확인하니 확실한 개선 포인트
들을 찾을 수 있었고요. 시험실에서 했으면 이 정도로 민첩하게 대응하지 못했을 것
같아요. 치열한 과정이었지만 의미 있는 고생이었어요.

김종민 시험에서는 더욱 치밀하고 환경이 적극적으로 반영된 정량 평가를 통해 품질
을 집요하게 확보해야 한다는 인사이트가 있었어요. 국내 주행에서는 기존의 시험법
과 평가로도 이번 문제와 관련된 이슈가 없었어요. 하지만 북미 상황을 보니 더욱 다
양한 환경에서 세부적이고 정량적인 평가가 필요함을 절실하게 느꼈죠. 금번에 이러
한 문제점을 개선해 새롭게 개발한 시험법에 따른 결과를 보면 기존 관리 치수보다
실제 바람소리와의 연관성도 더 높은 것으로 나와요.

최재호 저는 바람소리 예방의 핵심은 틈새를 최소화하는 것이기 때문에 잘 막는 방향
으로 설계하면 될 문제라고 심플하게 생각했어요. 그런데 북미 환경에서 틈새를 최대
한 막는다고 막아도, 에어컨 등으로 실내 압력이 올라가면 없던 휘슬이 생기고 바람
소리가 악화되는 현상이 나타나서 정말 당황했어요. 우리가 대응해야 할 환경이 다
양해지는 만큼 시험법의 끊임없는 개선이 꼭 필요한 거 같아요.

김대철 결국 견고한 설계는 기본이고 차량 내부 압력까지도 컨트롤해야 하는 과제를
받았죠. 당시에 관련 업무를 해본 인원이 아무도 없어서 더욱 막막했고요.

현장의 중요성과
열정적인 동료들

계속해서 추가 미션이 생기네요. 역시 기존에 접해보지 못한 새로운 문제인데 어떻게 해결하셨어요?

최재호 다행히 미국기술연구소HATCI의 현지 직원인 '카일'이 이런 실내압과 바람소리의 상관관계를 미리 조사한 결과들을 공유해 줬어요. 이를 토대로 기존에 없던 시험법도 마련하고 경쟁 차와 우리 차의 차이를 분석하는 정량적 지표도 만들었어요. 맨땅에 헤딩하듯 평가 방법을 논의했죠. 그러다 벽에 부딪히면 숙소에서 동료들과 술한잔하면서도 검증하고 개선하는 방향을 토론하는 게 일상이었고요. 매 순간 동료들에게 배우고 힘을 얻어가는 프로젝트 같아요.

김대철 그 덕분에 실내압을 낮추기 위한 공기 흡입량·배출량 변경 구조와 차량 외부 압력 변화를 위한 차량 상·하부 외관 변경 구조에 대한 영향도를 확인하고 개선 진행도 하고 있죠. TFT 인원들이 아니었다면 엄두도 못 냈을 일들이에요.

주변 동료들이 있었기에 가능한 일이었네요. 바람소리TFT라면 뭐든 해결할 것 같아요. 다음 스텝이 궁금해요.

김종민 많은 분이 도움 주신 덕에 설계 구조, 시험법 개선 등 개발 단계에서의 보완 항목들은 어느 정도 잘 마무리되었어요. 현재는 양산 후 공장에서도 효율적으로 바람소리 품질 관리를 유지할 방안을 마련하고 있죠.

최재호 효율적 관리를 위해서는 먼저 개발 단계에서 중요 관리부를 선정하고 양산 단계에서도 지속 관리하는 것이 필요한데요. 연구소와 공장 간의 관리 연계성을 견고하게 하기 위해 '바람소리 체크 프로시저'를 개발 중이에요. 차량 부위별로 바람소리 문제를 분류하고 문제별로 원인을 분석하는 일련의 업무 절차를 표준화한 것이죠. 문제 이력을 빠짐없이 수합해 이를 바탕으로 주요 관리부 선정 기준을 마련해야 공장에서도 집중 관리를 할 수 있어요. 동시에 문제가 발생했을 때, 절차에 따라 공장의 자체적인 문제 원인 분석에도 도움을 줄 것이라 기대해요.

바람소리TFT가 어려웠던 만큼 정말 새로운 경험이기도 했을 텐데요. 각자의 느낀 점을 들어보고 싶어요.

최재호 이번 인터뷰를 준비하면서 지난 3년간 TFT 활동을 쭉 돌아보니 혼자 한 일이 없더라고요. 여러 조직 구성원과 문제를 투명하게 공유하고 빠르게 해결 방안을 찾아가는 경험을 직접 해보면서 마음가짐이 많이 바뀌었어요. 개인적으로 이 생각이 TFT 활동에서 얻은 가장 큰 수확이 아닐까 싶어요.

김종민 현업과 TFT 업무를 동시에 하느라 정말 힘들었어요. 그런데 신기하게도 다 좋은 기억으로 남았더라고요. 아마 문제를 해결하기 위해 모두 의기투합하는 모습에 저도 좋은 자극을 많이 받아서 그런 거 같아요. 유기적으로 일하는 경험이 정말 저에게 특별했고 마음에 있던 부서 간 장벽은 어느새 다 무너졌어요. 모두가 하나의 목표를 향해 합심해서 문제를 해결하는 경험이 제 연구원 생활에 정말 큰 전환점이 되었죠.

김대철 문제가 생기면 그 현장으로 직접 가서 같이 집중하고 일하는 기회가 연구소에 더 많이 생기면 좋겠어요. 물론 현실적인 조건들도 있겠지만, 이번에 TFT 하면서 '고질 문제는 이렇게 해결해 나가는 거구나.'라는 생각을 많이 했어요. 현장에서 문제를 두 눈으로 직시하고 여러 동료와 문제를 집요하게 뜯어 분석하고 방향성을 잡아가면서요. 그리고 저희가 대표로 인터뷰했지만 모든 바람소리TFT 구성원들에게 고생 많으셨고 남은 기간까지 잘해보자는 말 전하고 싶습니다.

"고객 서비스를 위한 더 나은 협업 방법,
공유·존중·조율에 있어요."

일을 하다 보면 생각이 다른 동료들을 설득해 프로젝트를 이끌어가야 할 때가 있다. 25개 팀과 10개월간 협업하며 끈질긴 설득과 소통으로 '올 케어 서비스'를 론칭해 낸 '현대 히어로(우수사원)' 배예랑 매니저 이야기다. 누구의 우선순위도 아니었던 주인 없는 일을 맡아 이해관계가 서로 다른 담당자들과 공감대를 형성한 그녀에게 협업의 방법을 물었다. 동료들과 만든 믿음의 기저에는 충분한 정보 공유를 통한 존중이 있었다. 마케팅 직무에서의 경험을 서비스 직무에서도 발휘한 방법은 타인을 존중하고 디테일을 놓치지 않는 태도에서 비롯한 것이었다. 배예랑 매니저한테 다양한 부서와 고객들의 니즈를 파악해 낸 커뮤니케이션 경험을 들었다.

고객서비스전략팀

배예랑 매니저

주인 없는 일의
주인이 된 서비스 새내기

자기소개 부탁드립니다.

고객서비스전략팀의 배예랑 매니저입니다. 저는 더 나은 고객 경험을 전달하기 위해 고객 관점의 서비스 기획과 커뮤니케이션을 담당하고 있어요. 대표적으로 '올 케어 서비스' 프로젝트 론칭에 함께했는데 이렇게 경험을 나누게 되어 기뻐요.

'올 케어 서비스'에 대한 간략한 설명 부탁드려요.

자동차를 타다 보면 '혹시 이런 서비스가 있을까?' 싶은 순간이 있죠. 이럴 때 필요한 게 '올 케어 서비스All Care Service'예요. 올 케어 서비스는 차량을 보유하고 운행하는 동안 고객을 케어하는 현대차의 서비스 프로그램을 총칭합니다. 이걸 고객 경험 경로에 따라 일목요연하게 시각화한 자료를 '올 케어 서비스 맵All Care Service Map' 이라고 부르고요. 30여 개에 달했던 기존 서비스를 22개로 통폐합 및 리뉴얼하고, 고객 경험 프로세스를 기반으로 서비스 카테고리를 구분했죠. 또 고객이 처한 상황에서 어떤 서비스나 혜택을 받을 수 있을지 쉽게 파악할 수 있도록 정비를 마쳤어요. 먼저 임직원들이 해당 내용을 사전에 숙지할 수 있게 서비스 가이드북과 영상을 만들고, 당사 공식 홈페이지, 애플리케이션, 카탈로그를 통해 고객 커뮤니케이션을 진행할 수 있도록 하기도 했죠.

여러 서비스가 얽혀 진행이 쉽지 않았을 것 같아요. 이 일을 기획하고 담당하게 된 계기가 궁금해요.

저는 고객서비스전략팀이 신설되면서 이 프로젝트를 맡았어요. 고객 관점에서 기존 업무들을 다시 살펴보며 산발적으로 흩어진 서비스를 한데 모아 정리하는 게 좋겠다는 공감대가 형성됐거든요. 팀별로 고객 니즈를 발견하고 서비스를 도입했지만, 종류가 많아지니 한눈에 모든 서비스를 확인하고 싶다는 고객 니즈가 있을 거라고 생각했던 거죠.

하지만 이를 주도할 사람이 부재했어요. 각 팀에서 개별적으로 서비스를 운영하는 데는 문제가 없었기 때문에 내부에서는 당장 변화를 주지 않아도 됐거든요. 저는 처음 서비스 직무를 맡은 새내기였는데 그동안의 마케팅 경험이 고객 커뮤니케이션에서 도움이 될 거라고 생각해 일을 맡겨 주신 것 같아요.

2. 보증수리 및 부가 서비스

1. 카라이프

올 케어 서비스 맵

4. 긴급 상황 지원 서비스

3. 예방 및 점검

프로젝트를 진행하면서 어려웠던 점과 극복한 방법이 궁금해요.

프로젝트를 이끌면서 "이거 꼭 해야 해요?"라는 질문을 정말 많이 받았어요. 해당 프로젝트에 연관된 부서가 25팀, 대상 서비스는 30여 개에 달했거든요. 각 프로그램을 운영하는 주체가 달라서 이해관계가 충돌했던 거죠. 비슷해 보이는 서비스들도 담당자에게는 다 이유가 있었고, 관점과 온도 차가 있거나 협조가 되지 않는 경우도 자주 발생했어요. 저도 '이게 진짜 고객이 원하는 게 맞을까?'라는 의심이 들 때가 있었고요. 그저 새로운 걸 해야 해서 시도하는 것은 아닐지 걱정이 되었죠.

정답은 고객에게 있었어요. 당사에서 실제 자동차 구매자 1,500명을 대상으로 실시한 2022년 조사 데이터를 보면 차량 구매 시 서비스 품질A/S이 최우선으로 고려된다는 것을 알 수 있었어요. 또 다른 조사 내용에서도 "현대차의 고객 서비스가 이렇게 다양한지 몰랐다.", "고객별로 이용할 수 있는 프로그램을 지속 안내해달라."는 고객 목소리가 많더라고요. 결국 우리가 만들고자 하는 결과물이 고객에게 도움이 될 것이라는 공감대를 형성해서 담당자들을 설득하기로 했어요.

공감대를 형성했던 방법을 자세히 알 수 있을까요?

공감대 형성의 키포인트는 공유, 존중, 조율 세 가지에 있어요. 저는 무엇보다 '지속적인 진행 상황 공유'에 신경 썼어요. 담당자들이 시간을 내어 협조해 준 만큼 놓치는 부분이 없도록 사소한 내용도 공유드렸죠. 일을 하다 보면 상대방 의견과 다르게 최종 의사결정이 되기도 하잖아요. 그럴 때 메일로 통보하고 끝내는 게 아니라 직접 찾아가서 앞뒤 배경을 설명드렸어요. 서로 마음의 준비를 할 수 있도록요. 이렇게 하면 존중도 쌓이고 이해관계를 조율하는 과정도 수월해지더라고요.

물론 마냥 아름답기만 하진 않았죠. 그럴 때는 선배와 리더분들께 조언을 구했어요. 저는 워킹그룹장님께 저를 '미주알고주알 배주알'이라고 소개할 만큼 사소한 일도 말씀 드리는 편이에요. 이슈가 발생했을 때 혼자서 끙끙 앓다가 병을 키우지 말고 짬짬이 작은 소통을 하는 게 현명한 것 같아요. 최선의 노력을 해봤다는 전제에서 이게 오히려 조직을 위한 책임감 있는 행동이라고 생각합니다.

여러 사람과 협업한다는 건 어려운 일이잖아요. 우여곡절이 많았을 것 같은데 어떤 마음가짐으로 이겨내셨나요?

저에게는 이 프로젝트가 메인 업무지만 다른 분들에게는 우선순위에서 밀릴 수밖에 없다 보니, 일정이 지연되거나 협조가 잘 안 될 때가 있었어요. 그럴 때 '내가 왜 이렇게까지 해야 할까.' 하는 회의감이 들기도 했고요. 하지만 이 프로젝트를 잘 완결하는 게 우리 회사와 동료들을 존중하고 응원하는 길이라고 생각했어요.

사실 같은 조직에 있으면서도 이전에는 어떤 내용의 서비스인지 몰랐던 것들도 있었어요. 실제로 소비자 조사를 해보니 실경험자의 만족도는 높지만 고객 인지도가 낮은 서비스였죠. 만족도가 높다는 건 그만큼 담당자가 많이 노력하고 준비한다는 뜻인데 좀 더 많은 고객이 경험했으면 좋겠다는 생각이 들었죠. 올 케어 서비스를 통해 프로그램의 전달력과 시너지를 높여서 유관 부문 담당자분들이 보람을 느낄 수 있도록 기여하고 싶었어요.

프로젝트를 진행하면서 가장 뿌듯했던 순간은 언제였나요?

제 일이 소위 '있어 보이는 업무'라기보다 디테일과 정성, 집요함을 요하는 작업이 대다수였어요. 어떻게 보면 귀찮은 일의 연속이었죠. 그런데 막상 서비스를 론칭하니 반응이 정말 좋더라고요. "이런 게 필요했는데 만들어져서 좋다."라는 의견이 많았고, 지점과 대리점, 하이테크센터와 블루핸즈에서도 활용도가 높다며 좋아하셨어요. 그동안은 주인 없는 일로 있었지만, 결국 누군가는 해야 하는 일이었다는 걸 확인하게 되었죠. '내가 하는 일이 이렇게나 의미 있는 일이구나.'라는 생각이 들었고 큰 보람을 느꼈어요. 물론 프로젝트를 진행하면서 힘든 순간도 많았어요. 기존에 없었던 일을 새롭게 추진하는 것이라 각 부문의 담당자를 귀찮게 해야 했으니까요. 계속 협조를 구하고 도움을 요청하며 동료들을 힘들게 하는 건 아닐까 하는 걱정도 들었죠. 그런데 사업부 '베스트 협업러'로 선정되면서 동료들이 제 진심과 노력을 알아준 것 같아 큰 힘이 됐어요.

동료를 믿는 마음,
우리가 협력할 수 있는 이유

그동안 동료들과 함께 일하며 느낀 '현대차답게' 일한다는 것은 어떤 모습일까요?

서로를 믿고 적극적으로 협업하는 게 우리만의 일하는 방식이라고 생각해요. 동료들에게 무언가를 부탁했을 때 "더 도와줄 건 없을까?"라는 말을 많이 들었거든요. 우리 회사에서 일하면서 어떻게든 일이 진행되도록 적극적으로 도와주시는 분이 참 많다는 걸 느껴요. 처음에는 설령 안 된다고 할지라도 결국엔 한마음으로 힘을 보태주실 거라는 믿음이 있죠. 서로에 대한 단단한 믿음이 협력을 이끌어내는 힘이라고 생각해요.

앞으로 현대차에서 해보고 싶은 일이 있다면요?

아직 명확하게 규정하지는 못했지만, 저는 앞으로도 제가 잘하는 업무 영역을 더 심화하고 넓혀 나가고 싶어요. 제가 일하며 쌓은 마케팅 직무 경험이 서비스 조직에서도 잘 활용될 수 있다는 점을 배웠거든요. 처음 국내서비스사업부에 발령받았을 때는 서비스 경험이 없는 제가 어떻게 기여할 수 있을지 고민이 많았어요. 그런데 이번 프로젝트를 통해서 고객 접점에서 커뮤니케이션했던 경험이 서비스 측면에서도 잘 쓰일 수 있음을 알게 됐죠. 앞으로도 제 장점을 살려서 새로운 일에 도전해 보고 싶어요.

"팀원 개개인의 일의 가치를
발견하고 존중해 줘요."

김영건 팀장은 3년 연속 최고 팀장 평가를 받았다. 그는 자신을 내성적이고 내향적인 사람이라고 소개했다. 권위를 내세우지 않고, 질책 대신 함께 문제를 해결하고, 팀원이 하는 일을 가치 있게 생각하는 것이 팀장의 일이라고 자신의 답을 꺼낸다. "좋은 팀장이 되려면 아무것도 하지 말라."라고 말하는 그에게서, 우리는 아이러니하게도 늘 만나고 싶었던 리더의 모습을 발견한다. 어느 팀에나 잘 맞는 리더십은 없을 것이다. 하지만 '우리 팀'에 잘 맞는 방식을 김영건 팀장의 이야기를 들으며 생각해 본다.

차량생기3팀
김영건 팀장

팀장은 자리가 아닌
역할일 뿐

리더십 다면진단LSV* 최고점을 받으셨다고 들었어요.

리더십 다면진단 결과가 좋게 나와서 감사하게도 많은 분이 어떻게 했냐고 물어보세요. 저는 그저 구성원과 제가 결이 잘 맞아 시너지가 난 거라고 생각해요. 저와 같은 엔지니어들은 사람 관계도 기계적으로 생각하는 경향이 있어요. 문제가 있다, 솔루션은 뭐냐, 그 솔루션을 가동하는 데 얼마나 걸리냐, 이런 식으로요. 하지만 사람의 관계에는 기계적인 문제풀이식 패턴이 아닌 인문학적 관점이 필요해요. 정해진 기간 동안 목표를 세워서 단번에 해결할 수 있는 문제가 아니니까요. 꾸준히 맞춰 나가야 하는 거죠. 제가 특별히 뭔가를 한 것 같지는 않아요. 과분한 칭찬을 받은 것 같아서 제 이야기를 하는 게 좀 부끄러웠습니다. 그런데 어떤 분께서 이런 평범함에 관한 이야기가 필요하다고 하시더라고요. 그 말에 설득되어 제가 어떤 마음가짐으로 팀장의 일을 해왔는지 이야기할 용기가 생겼어요.

팀장의 역할은 무엇이라고 생각하세요?

팀장은 실무를 하다가 매니지먼트로 역할을 전환한 사람일 뿐이죠. 누군가의 위에 군림하기 위해서가 아니라, 매니지먼트 역할을 잘하기 위해 몇 가지 권한을 갖는 거예요. 팀장은 능력보다는 적성에 가까운 것일 수 있어요. 실무를 하는 게 맞는 사람이 있고 매니지먼트를 하는 게 맞는 사람이 있는 거죠. 프로 스포츠를 생각해 보면 스타 플레이어가 꼭 감독이 되는 것은 아니에요. 스타플레이어가 감독을 못한다고 해서 그 사람이 실패한 것도 아니고요.

팀장이 하는 매니지먼트는 큰 그림을 그려 방향을 설정하고, 지금 하는 일이 방향에 맞는지 점검하고, 담당자가 일을 잘할 수 있도록 정리해 주는 것이라고 생각해요. 축구 감독이 선수가 답답해서 자기가 직접 게임을 뛴다고 승리하지는 않잖아요.

*LSV: Leadership Surround View, 현대차에서 실시하는 리더십 다면진단.

말씀하신 부분에서 더 나아가 '좋은 리더십'이란 무엇일까요?

팀장을 처음 맡으면 많은 사람이 실무 담당자의 일을 세밀하게 관리하려고 해요. 그런데 팀장이 슈퍼맨이 아닌 이상 모든 일을 다 챙길 수 없어요. 게다가 팀장이 다 챙기기 시작하면 팀원은 팀장이 시키는 방식대로만 일하게 돼요. 저는 그게 올바른 방법은 아니라고 생각해요. 실무진이 가진 모든 경험과 현재의 데이터를 바탕으로 최선의 선택을 할 수 있도록 도와주는 게 중요한 거죠.

팀장으로서 지켜보면 팀원이 잘못된 판단을 갖고 올 때도 있어요. 하지만 나쁜 결정을 하더라도 업무를 진행하면서 성장할 기회가 돼요. 제 예측과 달리 실무진의 생각이 맞다면 좋은 것이고요. 설사 틀린다고 해도 배움을 얻을 수 있으니까요. 대신 결정을 내려주는 게 팀장의 역할은 아니에요. 팀원이 스스로 주인의식을 갖고 일할 수 있도록 해줘야 해요. 때로 틀린 선택처럼 느껴지더라도 제가 커버해 줄 수 있다고 생각하면 저는 그 결정대로 가도록 존중해 줘요.

팀원의 업무에
가치를 더하는 일

팀원들이 업무에 어려움을 겪을 때는 어떻게 동기부여 하시나요?

팀원들이 몰입해 업무를 하면서도 본인의 가치를 스스로 평가절하하는 경우가 있어요. 팀 전체를 봤을 땐 정말 잘하고 있는데 스스로 특별히 잘한 게 없다고 생각하는 팀원을 많이 봤거든요. 수십억짜리 작업을 했거나 업계 최초 신기술을 도입하는 정도로 대단한 일을 해야 잘했다고 생각하는 거예요.

저는 성과 평가 면담을 할 때 올해 잘했던 일, 올해 아쉬웠던 일, 향후 계획, 이 세 가지를 물어요. 미리 형식을 전달해서 스스로 먼저 고민하고 면담에 참여하도록 하면

대화가 잘되더라고요. 팀장은 팀원의 성과를 객관적으로 주목해 주고 자신이 한 일의 가치를 되새길 기회를 만들어 주어야 해요. 신기술 도입만이 일을 잘하는 게 아니라 원가를 절감한 것도 잘한 것이죠. '잘한 일'을 어떤 대단한 결과라기 보다, 자신이 맡은 일을 더욱 효율적이고 효과적으로 해내기 위한 노력까지 확장해 생각할 수 있게 도와주는 것도 팀장의 의무라고 생각해요.

팀장이 되실 때 지키고 싶었던 리더십 철칙도 있을까요?

제가 실무자일 때 정말 싫었던 걸 팀장이 되면 하지 말자 다짐했어요. 업무를 하다 보면 오롯이 집중해서 일하는 시간이 필요하잖아요. 저는 그런 순간에 누가 개입하고 간섭하면 불편하더라고요. 휴일 특근을 할 때 리더가 밥 먹자고 하는 것도 싫었어요. 빨리 밥 먹고 와서 쉬고 싶은데, 같이 가려면 그나마 있는 짧은 휴식 시간도 날아가니까요. 저는 이렇게 제가 싫었던 것은 팀원들에게 하지 않으려고 해요. 팀원이 업무에 집중하는 순간이 왔다는 생각이 들면 주변을 정리해 줘요. 저도 질문을 많이 줄이고 담당자가 주도적으로 돌파할 수 있도록 하죠.

가끔은 '이게 맞나?'라는 생각이 들기도 해요. '휴일에 팀원들이 고생하는데 밥 한 끼는 사줘야 하는 거 아닌가?' 생각도 하고요. 누군가는 섭섭해할 수도 있잖아요. 그래도 팀원들은 리더가 잠깐 얼굴을 비추고 커피 한 잔 사주고 마는 것보다, 자신의 이야기를 집중해서 들어줄 때 그 시간을 가치 있다고 느낄 것 같아요. 저도 실무진일 땐 그랬거든요.

정답 없는 리더십,
문화는 팀원과 함께 만드는 것

팀 분위기가 굉장히 좋고 활발하다고 들었어요. 소통이 잘되는 조직의 비결이 있다면요?

팀원들이 개인적인 이야기를 쉽게 할 수 있는 조직을 만드는 게 중요하다고 생각해요. 소소한 것도 어느 때나 말할 수 있어야 업무 회의에서도 자신의 의견을 거침없이 낼 수 있게 되죠.

저랑 항상 논쟁하고 떠들던 직원이 있었어요. 이 친구는 자신만의 장기적인 커리어 플랜이 있었고, 그걸 위해 해야 하는 업무가 있다며 팀을 옮겨달라고 말하고는 했어요. 제가 보기에 그 플랜은 실현 가능성이 적었고 정답이 없는 이야기였지만 저희는 일상적으로 그런 논쟁을 했어요. 다른 팀원들도 자연스럽게 깨달은 것 같아요. 팀을 떠난다는 이야기도 팀장과 나눌 수 있다는 사실을요. 제가 의도한 것은 아니었지만 결과적으로 그런 분위기를 만드는 계기가 됐죠.

팀장님하고 어디까지 이야기할 수 있는지는 어려운 문제 같아요.

팀원의 업무 고민을 불만으로만 느끼면 안 돼요. 커리어 고민도 회사를 떠나겠다는 의미로 받아들여서는 안 된다고 생각해요. 입장을 바꿔 생각하면 팀장에게 이런저런 이야기를 편히 하는 게 쉽지 않은데 말을 꺼내는 거잖아요. 그러니까 더더욱 어떤 이야기를 해도 괜찮다는 것을 팀장이 직접 보여주고 드러낼 필요가 있어요.

물론 팀워크가 꼭 허물없는 사이를 뜻하지는 않아요. 친한 사이라도 사람과 사람 사이에는 벽이 존재하죠. 다만 그 벽이 너무 높아서 서로가 보이지 않고 들리지 않느냐, 반대로 아주 낮은 울타리 같아서 서로 볼 수 있고 대화할 수 있느냐의 차이 같아요. 저는 팀원들에게 항상 부탁해요. 어느 날 갑자기 와서 면담 요청하지 말라고요. 원하는 게 있다면 지나가다 하거나 자리에서도 좋으니 계속 이야기를 해달라고요.

팀장님이 이끄시는 팀만의 특별한 문화가 있으면 소개해 주세요.

해외여행을 다녀오면 지역의 특징적인 먹거리를 사 와야 한다는 규칙을 정했었죠. 누군가 휴가를 떠나면 다른 사람이 그 사람이 하던 일을 나눠서 하게 되잖아요. 휴가를 떠나는 사람도 남는 사람도 부담스럽죠. 그런데 특정한 제품을 사 오는 것으로 규칙을 정하면 서로 조금은 마음 편하고 좋을 거라는 생각이 있었어요.

팀원들끼리 제주도는 해외여행이냐, 그 지역에 그런 먹거리가 없으면 어떻게 하냐는 둥 소소하고 재밌는 논쟁도 하더라고요. 그 규칙은 이제 없지만 저희 팀에서는 좋은 추억거리이고 특별했던 문화로 남았어요. 물론 이런 문화를 다른 팀에 똑같이 적용할 수는 없어요. 제가 생각하는 좋은 리더의 조건 또한 모두에게 적용할 수는 없겠죠. 어떤 문화를 만드는 건 팀장과 팀원 모두의 몫 같아요. 조직문화는 정답도 없고 팀장 혼자서 만들 수도 없어요. 팀원들이 함께 만들어 나갈 수 있도록 분위기를 만드는 게 팀장의 역할이 아닐까요.

"세계 최초 고성능 전기차,
늘 더 높은 기준을 세웠기에 가능했죠."

무겁지만 날렵한 차를 만들 수 있을까? 불가능이라고 여겨졌던 고성능 전기차를 전세계 최초로 현대차가 개발했다. 서킷을 달리는 고성능차는 드라이빙의 즐거움을 위해 작고 가볍고 차체가 낮다. 반면 전기차는 긴 주행 거리를 위해 배터리가 차량 하부에 탑재되어 무겁고 차체가 높다. 상반된 특성을 가진 고성능차와 전기차를 어떻게 하나로 만들 수 있었을까? 늘 보통의 기준보다 높은 목표를 세우고 도전에 임하는 그들에게 불가능을 실현해 내는 실력은 어디에서 비롯하는지, 어려움에도 불구하고 끊임없이 도전하는 동력은 무엇인지 이야기를 들어보았다.

왼쪽부터 김완규 책임연구원, 장대원 파트장, 양상석 책임연구원, 유영한 책임연구원

<table>
<tr><td>고성능차설계팀</td><td>고성능차시험팀</td></tr>
<tr><td>장대원 파트장</td><td>김완규 책임연구원</td></tr>
<tr><td>유영한 책임연구원</td><td>양상석 책임연구원</td></tr>
</table>

아이오닉 5 N이 2023년 7월 공개되며 호평을 받고 있어요. 특히, 전 세계 '최초' 의 고성능 전기차라고 불리고 있는데요. 기존 포르쉐 타이칸이나 테슬라가 있는데도 불구하고 어떤 면에서 최초인가요?

김완규 자동차 시장이 EV로 전환되면서 다양한 전기차가 생겼지만 고성능 전기차는 아직 없다고 봐요. 일반 도로 주행과 서킷 주행이 모두 가능하면서 일반 소비자가 구매할 수 있는 전기차의 새로운 기준을 제시한 차가 아이오닉 5 N*이죠. 배터리 관리 능력은 아이오닉 5 N이 독보적이에요. 여기에 스피드, 주행 성능, 사운드 같은 고성능차의 모든 기능까지 더했어요. 그래서 최초라고 부를 수 있는것 같아요.

최초인 만큼 개발이 쉽지 않았을 것 같아요.

김완규 처음 아이오닉 5 양산차를 서킷에서 타봤을 땐 절망했어요. 고성능차는 움직임이 민첩해야 하는데, 아이오닉 5는 전기차라 크고 무거워서 움직이질 않는다는 느낌이었어요. 또 배기음이 없다 보니 차에서 피드백을 받지 못하는 것도 힘들었죠. 어떻게 고성능 마니아층의 감성을 충족시킬 수 있을까 고민이 많았어요.

유영한 참조할 수 있는 차나 가이드가 없다 보니 '이런 중량으로 고성능차를 만들 수 있을까?', '소비자가 이걸 사서 즐길 수 있을까?'에 확답을 못 했어요. 설계자들도 고성능화 가능성에 의구심이 많았죠.

양상석 고성능차는 한계 주행을 해야 하니까 도전이 많았어요. 전기차는 무거워서 저희 목표보다 가속 성능이 부족했고 특정 부품들의 제약 조건으로 출력 저하가 발생하면서 해결해야 할 문제가 산적했죠.

말씀을 들어보니 고성능 전기차는 무모한 도전이 아닌가 싶어요. 어떻게 개발을 시작하게 된 건가요?

장대원 정말 어려운 일인 건 맞아요. 사실 아이오닉 5 N이 고성능 전기차로서 기능할 수 있을까 검토만 1년을 했어요. 다른 차량과 비교하다 아이오닉 5의 배터리와 모터를 기준으로 보면 가능성이 있다고 판단했죠. 그동안 우리가 쌓아온 기술력이면 충분히 승산이 있겠다 싶었어요. 무모해 보일 수 있지만 철저하게 검토하고 시작했습니다.

*N: 현대차의 고성능 브랜드로 ①코너링 악동(Corner Rascal), ②일상의 스포츠카(Everyday Sports Car), ③레이스 트랙 주행능력(Race Track Capability)의 특성을 지님.

'적당히'라는 타협이 없는 일

그럼 실제 개발하면서 가장 어려웠던 점은 무엇이었을지 궁금해요.

김완규 기존 내연기관인 N 차량의 기능을 EV로 옮기는 것 자체가 다 어려웠어요. 내연기관은 운전자의 심장을 쫄깃하게 만들어 주는 매력이 있는데, EV는 따로따로 움직이는 느낌이었거든요. 엔진 사운드, 배기음, 변속기가 없어 주행 중 차한테서 피드백을 받기 어려웠죠. 그래서 마니아층의 감성을 자극할 수 있는 기능 구현이 고민이었어요. 무겁고 회전 움직임이 커서 원하는 대로 못 가고 느릴 수밖에 없었거든요. 차가 움직일 때 관성도 크고 스포츠카 대비 차고가 높다 보니 컨트롤하기가 힘들더라고요.

차량 무게부터 사운드까지 모든 게 챌린지였네요. 해결 과제만큼이나 이해관계자들도 많았을 텐데요. 일하는 과정에서 설득이 쉽지 않았을 것 같아요.

양상석 설득을 위해 담당 연구원들과 함께 트랙을 타보면서 문제점을 느낄 수 있도록 했어요. 맞는 방향이라고 생각되면 시간이 오래 걸려도 다 함께 뛰어들어서 해결해 내거든요. 하드웨어와 소프트웨어를 모두 개선해야 하고 UI 구현도 해야 해서 유관 부문이 많았죠. 프로토타입 차량 개발 후반 시점에서, "프리컨디셔닝 기능*을 트랙 말고 다른 주행 모드 때에도 쓸 수 있지 않나?"라는 제안이 있었어요.

*프리컨디셔닝 기능: 주행 상황에 맞춰 최적의 배터리 온도를 사전 설정하는 것.

운전자에게는 선택의 폭이 넓어지는 거죠. 결국 연구소의 모든 부문이 모여서 결론을 냈고, 다 같이 집중해서 매달린 덕분에 파이롯트 단계에 적용할 수 있었어요.

장대원 성능을 위해서라면 적당히라는 타협이 없었어요. 고성능차를 실제 트랙에서 타보고 차이를 느껴보니까 그렇게 할 수밖에 없더라고요. 우리가 얼마만큼 노력하고 해내는가에 따라 차이가 확실하니까요. 그래서 더욱 내 손으로, 우리 손으로 개발해야겠다는 의욕과 열정이 생겨났죠.

고성능차 특성상 조직 내의 일에 대한 기준도 높을 것 같아요. 그 안에서 '현대차답게' 일한다는 것은 무엇이라고 생각하세요?

유영한 고성능 조직은 도전적인 조직이에요. 양산 대수가 많은 일반차의 경우 작은 변화가 끼치는 영향이 커서 변화를 일으키기 쉽지 않거든요. 그에 비해 N 차량은 좀 더 자유롭게 새로운 도전과 시도를 할 수 있어요. 우리는 항상 더 높은 기준을 설정하기 때문에 도전적으로 변화를 만들어 낼 수 있죠.

장대원 저는 민첩하게 움직이는 것이라고 생각해요. 요즘은 애자일 프로세스Agile Process가 많이 알려졌는데요. 우리는 이미 그 방식이 내재화 되어 있었어요. 이슈가 발생하면 항상 해외 연구소와 같이 영상 회의로 풀어나가요. 집중해서 문제를 해결하고, 성능을 개선하여 양산 적용할 수 있도록 모이는 게 자연스럽죠.

양상석 계속 공부하는 조직 같아요. 그동안 내연기관만 개발하다 EV가 처음이다 보니 따라잡으려고 교육도 받고 노력을 많이 했어요. 특히 저희 파트원들은 여러 제어기에 관해서 프로젝트 시작 전부터 매주 스터디를 했어요.

김완규 끝났다는 생각을 안 해요. 고성능은 우리 아니면 할 사람이 없기 때문에 다음 차량 준비를 항상 같이 해요. 양산만 하는 게 아니라 다음 차종 성능 개선이나 기능 부여를 위해 선행 준비를 하는 거죠.

차에 미쳐 있는 사람들이 모인 곳

고성능차 N 개발에 자부심이 느껴져요. 고성능차 연구원들만의 특별함이 있다면 무엇일까요?

유영한 아이오닉 5 N이 최초의 고성능 EV라서 더 어렵긴 했지만 고성능의 길은 항상 그랬어요. 뉘르부르크링 서킷은 우리나라 영암 서킷보다 3~4배 정도 가혹한 컨디션이에요. N은 처음부터 기준을 높게 세워 여기에서 테스트를 진행해요. 다른 도로에서는 나오지 않았더라도 극한의 도로에서 발견되는 개선점들이 있거든요. 높은 목표를 설정하고 작은 것까지도 개선해 나가는 것이 고성능 개발의 특징이라고 생각해요.

양상석 고성능 차량 분야에서 현대차가 후발 주자임에도 불구하고 단기간에 꽤 성과를 냈다고 생각해요. 차에 미친 사람들이 모여 있으니 자동차에 대한 열정과 성취감이 남다른 게 아닐까요.

언론에서 아이오닉 5 N을 포르쉐 타이칸과 많이 비교하는데요. 단도직입적으로 포르쉐보다 좋나요?

장대원 '포르쉐보다 좋을 수 있다.'라고 말씀드리고 싶어요. 기존에는 트랙을 달릴 수 있는 고성능 전기차라는 개념 자체가 없어서 포르쉐 타이칸을 타깃으로 성능 개선을 많이 했어요. 가장 큰 부분이 냉각 기술 최적화예요. 포르쉐 타이칸은 N 서킷을 한 바퀴 돌 수 있지만, 우리는 두 바퀴까지 가능해요. 광고의 "ONE MORE LAP"이 그 의미고요. 가격 차이는 크게 나도 성능에서는 꿀리지 않는다고 봐요.

양상석 e-Shift 기능, 사운드, 회생 제동도 세계 최고로 개발했다고 자부해요. 피드백을 잘할 수 있도록 특별히 의도한 변속 충격도 만들어 넣었거든요. 포르쉐보다 좋다고 생각해요.

김완규 내연기관 N의 DNA를 그대로 옮겨 왔어요. 특히 e-Shift는 BMW가 벤치마킹한다는 이야기도 들려요. 진짜로 우리가 고성능 전기차의 퍼스트 무버가 되었다는 자부심과 자신감이 있습니다.

함께 일하는 것의 가치를 느낀 이야기였어요. 마지막으로 하고 싶은 말이 있다면요?

장대원 "내가 혼자 한 게 아니다."라고 말하고 싶어요. 초기에 회생 제동 개발할 때 유럽기술연구소, 모비스 등 협업 부문이 정말 많았어요. 다 열거할 수는 없지만 함께 아이디어 내고 끊임없이 논의하면서 불가능해 보이던 걸 실현했어요. 제동 성능에 대해 호평이 많은데요. 그 이면에는 많은 부문의 노력이 있었죠.

유영한 일은 힘들었어도 사람이 힘들지는 않았어요. 다들 일을 피하지 않고 기꺼이 함께 해주거든요.

양상석 고성능 특화 기능을 만들 때 연구원분들이 굉장히 고생하셨어요. 실제 차를 개발하려면 연구소 전체의 협업이 필요해요. 유관 부문에서 고성능에 대해 잘 모를 때 설득하고 개선하는 회의를 많이 합니다. 수만 번은 한 것 같아요. 협업을 통해 하나씩 해결해 가며 결과물을 내서 뿌듯하고 감사한 마음이에요.

김완규 저희 파트원들도 오늘 다 같이 와서 인터뷰하고 싶었어요. 차량 개발이 혼자만 한다고 되는 일이 아닌 만큼 실험실에서 묵묵히 일하는 모든 사람에게 고생하셨다는 말 전하고 싶습니다.

협업 | 다양성 | 품질본부

"조직문화진단 100점의 비결,
서로 돕고 협력할 때 나도 성장할 수 있어요."

다양성은 상호보완성을 강화하여 문제 해결과 의사결정을 돕고, 조직의 발전 가능성에 긍정적인 영향을 미친다고 한다. 연령, 지역, 성별 등의 인구통계학적 다양성 또한 더 나은 비즈니스 성과를 끌어내는 것으로 밝혀졌다. 2022년 조직문화진단 '상호간 자발적 협력' 문항에서 100점을 기록한 현대품질보증1팀은 다양한 세대와 배경을 가진 팀원들로 이루어져 있지만 팀워크가 좋기로 소문나 있다. 현대차 전사 평균이 77.3점이라는 걸 생각하면 더욱 놀라운 수치다. 단순히 차이를 존중하는 데 그치지 않고 자발적으로 서로 돕는 태도가 가능한 비결이 무엇인지 들었다.

왼쪽부터 최순웅 매니저, 이성구 책임매니저, 곽동현 매니저, 최락구 책임매니저, 진병철 팀장

현대품질보증1팀

진병철 팀장
이성구 책임매니저
최락구 책임매니저
곽동현 매니저
최순웅 매니저

신뢰를 기반으로 한
자발적 협력

팀 소개 부탁드려요.

진병철 현대품질보증1팀은 차량이 고객에게 인도되고 나서 발생하는 품질 문제를 발췌해 고객의 불편함을 최소화하기 위한 많은 개선 활동을 추진해요. 자동차의 수리 문제점을 확인하고 품질 문제를 개선하며 때에 따라서는 필드에 리콜·캠페인 조치를 하는 것이 주 업무예요. 특별한 점이 있다면 저희 팀은 근무지가 울산과 아산으로 나뉘어 있어요.

팀원들이 느끼는 '우리 팀'은 어떤 모습인가요?

최순웅 '서로 오지랖을 부리는 게 기분 좋은 팀'이죠. 서로 돕는 게 자연스럽거든요. 아산 그룹에서 문제가 발생하면 울산에서 같이 고민해 주고, 울산 그룹이 어려울 땐 아산 쪽에서 솔루션을 주기도 해요. 팀장님이 집단 지성을 강조하시고 저희도 본인 담당이 아니어도 같이 고민하고 목소리를 내는 분위기예요.

이성구 팀에 이슈가 발생하면 다 같이 의자를 끌고 와서 머리를 맞대고 논의해요. 저희는 '벌떼 구조'라고 표현하는데, 모두가 한마음 한뜻으로 일을 돕는다는 뜻이에요.

자발적으로 협력하는 것이 좋다는 걸 알면서도 실천하기 어려운데, 그 비결이 뭐라고 생각하나요?

곽동현 서로 간의 신뢰 같아요. 각자 업무로 바쁠 때 무언가를 물어보는 게 실례일 수도 있지만, 이걸 물어봐도 괜찮다는 믿음이 생기는 거요. 내가 뭔가를 물어봐도 상대가 싫어하거나 기피하지 않을 걸 아니까 터놓고 이야기할 수 있죠. 사실 다른 조직에 있을 땐 내 일만 확실하게 하자는 생각이 컸어요. 근데 여기서는 팀장님이나 책임님들이 모여서 일하는 걸 장려하시니까 더 큰 동력이자 격려가 돼요. 팀에 합류하고 제 생각이 바뀐 거죠.

최락구 서로 돕고 협력할 때 결국 성장한다는 걸 아는 게 중요해요. 각자가 잘하는 부분이 다른데, 이때 의견을 공유하면서 배울 수 있잖아요. 일도 효율적으로 처리하고 몰랐던 것도 배우고 일석이조 아닌가요.

연차에 상관없이 배우려는 태도, 자연스레 형성된 선순환 구조

서로 돕는 분위기가 잘 형성되어 있는 것 같아요. 협력해서 시너지를 발휘했던 사례가 있을까요?

곽동현 제가 담당했던 차에서 문제가 발생한 적이 있어요. 설계 당시에는 분명히 검증이 됐는데, 필드에서 계속 클레임이 올라왔죠. 이때 혼자 고민하고 있으니까 그룹장님이 오셔서 "예전에 같은 문제로 평가할 때, 차량 하부에 고프로를 달아서 문제를 확인했다."라고 조언해 주시더라고요. 그래서 차량 하부에 직접 들어가 카메라를 설치했어요. 실제로 녹화된 영상을 보면서 문제 상황을 구체적으로 확인하게 되었고 개선점을 잡아 해결했죠. 혼자 끙끙 앓으면서 스트레스를 받았는데 그룹장님이 찾아와 조언해 주신 덕분에 방향성을 잡을 수 있었어요.

선배들의 노하우가 도움이 된 거네요. 역으로 경험이 적은 후배들인 MZ세대한테 인사이트를 얻기도 하시는지 궁금해요.

진병철 요즘 MZ세대의 일 처리 속도를 보고 많이 배워요. 한번은 저희 팀에서 담당하는 차에 문제가 생겼을 때, 저는 보고서부터 쓸 생각을 했거든요. 그런데 젊은 매니저님들이 밖에 자동차를 가져다 놓고는 "사업부장님을 모시고 직접 확인시켜 드리자."라고 하더라고요. 종이 보고서가 아니라 실물을 보고 문제를 파악하자는 거였죠.

당시 사업부장님도 빠르게 문제에 공감하셨고 덕분에 신속하게 보고가 이루어졌어요. 간결한 소통, 형식 탈피, 빠른 소통과 공유 방식을 우리 팀 매니저님들에게 항상 배우고 있어요. 연차에 상관없이 목소리를 내고 서로 배우려는 마인드가 모여서 지금의 선순환 구조가 만들어졌다고 생각해요.

따뜻한 포용력과 뛰어난 전문성,
서로 의지하는 선후배

이 팀에는 특별한 맏선배가 계신다고 들었어요. 어떤 분인가요?

진병철 '믿고 의지할 수 있는 롤모델'이에요. 저는 신입 사원 때부터 팀의 맏선배인 이성구 책임님을 알고 있었어요. 처음 입사해서 적응 못할 때 책임님이 많이 위로해 주셨고, 나도 저런 선배가 되고 싶다는 생각을 많이 했어요. 이후 같은 팀에서 만나 책임님의 경험과 전문성에 아직도 많은 도움을 받고 있어요. 지금 이성구 책임님이 아산공장 그룹장을 맡고 계신데, 수시로 데이터 체크와 품질 점검을 해주세요. 책임님이 숫자나 디테일에 능숙하셔서 저는 책임님을 믿고 적극적으로 지지해 드리는 역할을 하죠.

서로를 존중하는 모습이 멋있어요. 조직에서 다양한 세대가 조화를 이루기 위해 어떤 마음가짐이 필요하다고 생각하시나요?

최순웅 편견 없는 마인드가 가장 중요해요. 사실 처음에는 조직에서 기성세대는 이유 없이 강요하거나 지시하는 역할이라고만 생각했거든요. 그런데 실제로 업무를 하면서는 단순 지시보다 "네 생각은 어때?"라는 말을 훨씬 많이 들었어요. 선배들이 제 의견을 낼 기회를 많이 주시는 만큼 저도 항상 준비되어 있어야겠다고 다짐해요.

이성구 요즘 MZ세대에 부정적인 시선도 많은데, 저는 MZ세대가 자기 일에 책임감이 강하다고 느꼈어요. 그만큼 윗세대가 일에 대한 권한을 주고 동료들을 믿고 맡겨줄 때 시너지가 발휘될 거라고 생각해요.

"가장 소중한 자산은 나 혼자만의 지식이 아닌
나와 타인의 지식을 연결하는 힘이라 생각해요."

모두가 어렵다고 말하는 일에 도전하는 사람들이 있다. 그들은 점과 점을 연결해 선을 만들고 선으로 면을 만들듯, 문제를 혼자 해결하기보다는 사람들의 지식을 연결해 새로운 방법을 발견하고 더 나은 결과를 도출한다. 모두가 할 수 없는 일이라고 말했지만 현대차에 최적화된 '서비스 견적 시스템' 자체 개발에 성공해 유럽 7개국에 적용한 김도형 책임매니저. 그를 만나 새로운 길을 낼 수 있었던 비결을 물었다. 김도형 책임매니저는 해내겠다는 의지 뒤에 발 벗고 나서준 동료들이 있어 가능한 일이었다 말한다. 점으로 존재하던 이들이 어떻게 뭉쳐서 시너지를 내는지, 현대차가 일하는 또 하나의 방식을 들었다.

Hyundai Motor Europe Regional HQ

김도형 책임매니저

모두가 안 된다고 했지만
해야겠다는 '오기'

자기소개 부탁드립니다.

유럽권역본부HME에서 현지 채용되어 근무하다 GEP*를 통해 한국에 온 Hyundai Motor Europe Regional HQ 김도형 책임매니저입니다. 현대차의 '서비스 견적 시스템'인 HAP*를 유럽에서 처음으로 개발했고, 해당 시스템을 글로벌 표준 솔루션으로 만드는 작업을 함께 하기 위해 1년간 본사 파견을 와 있어요.

외주 솔루션을 자체 시스템으로 개발하신 계기가 있나요?

딜러가 정비 견적을 내기 위해선 부품을 비롯해 수많은 정보가 필요해요. 이걸 한 군데로 통합한 외주 솔루션을 유럽 딜러들이 사용하고 있었죠. 그런데 솔루션에 들어가는 모든 정보를 우리 회사가 제공하는데도 불구하고 외주 업체의 횡포가 심했어요.

*GEP: Global Exchange Program, 단기적인 사업 목표 달성 및 글로벌 인재 육성을 위한 국내외 우수 직원 파견 제도.

*HAP: Hyundai Aftersales Platform, 보증 수리 기간 조회, 부품 주문 등 서비스 운영을 위한 현대차만의 서비스 견적 시스템.

시스템 문제 대응도 잘 안 해줬고 법인에서 필요한 추가 기능 개발도 나 몰라라 하니, 딜러분들은 울며 겨자 먹기로 안 좋은 시스템을 비싼 가격에 사용할 수밖에 없었어요. 하지만 지난 20년간 판매된 모든 차량의 공임, 부품 가격 등이 포함된 견적 데이터를 일일이 수집하고 가공해야 하는 만큼 작업이 복잡하고 양이 많다는 이유로 손도 못 대고 있었죠. 규모가 크지 않은 해외 법인에서 별도 시스템을 만드는 건 불가능하다고요. 계속 안 된다, 어렵다는 말만 들으니 오기가 생겼죠. 누가 저에게 꼭 하라고 시킨 일도 아니고, 조직의 KPI(핵심성과지표)도 아니었지만, 함께 고생하고 있는 법인 구성원들과 딜러분들을 위해서라도 반드시 개발해야겠다고 결심했어요.

모두가 안 된다고 하니 쉽게 도전하긴 어려우셨을 것 같아요.

결심은 했는데 막상 '내가 과연 할 수 있을까?' 하는 생각이 들었어요. 수많은 OEM 경쟁사가 개발을 시도했지만 작업량이 워낙 많아서 손을 못 댄다고 했으니, 먼저 이게 가능할지 진단부터 해야 했어요. 결과가 '불가능'으로 나올까 봐 망설여지더라고요. 결정적으로 같이 일하던 담당 주재원님의 응원이 있어 용기를 냈어요. "한번 해봐라. 비용을 몇만 유로 쓰고 실패하더라도 괜찮다. 시도 자체가 의미가 있다."며 밀어주셨죠. 저 혼자였으면 절대 시작할 수 없었을 거예요.

물론 20년간 판매된 모든 차량의 데이터를 어떻게 다 가져올지 확신이 없었어요. 1년에 판매되는 차량 모델도 여러 가지고, 하나의 차에 들어가는 엔진 타입을 10개 정도라고 했을 때 타입별 견적이 20개 이상이면 한 모델에 패키지만 200개예요. 다들 시도하기도 전에 포기할 만했죠.

대체 어떻게 해결하셨을지 궁금해져요.

낮에는 이탈리아, 독일 딜러샵들을 방문해서 프로세스를 A부터 Z까지 하나하나 분석하고, 밤에는 호텔에서 그걸 그림으로 그리며 두 달 동안 정말 집요하게 매달렸어요. 시스템을 끌어오고 매핑Mapping하다 보니 데이터를 하나하나 가공하지 않아도 견적을 생성할 수 있는 로직을 마침내 도출하게 됐죠. 분석 결과를 보고 드린 후 부사장님께서 내재화 진행해 보자고 하셨을 때 동료들과 부둥켜안고 울었어요. 지금 생각해도 뿌듯합니다. 사실은 그때부터 본격적인 시작이었죠.

사전 검증은 했지만 시스템 개발이 쉽지 않았을 것 같은데요. 과정은 어땠나요?

혼자였다면 못 했겠지만 동료들 덕분에 불가능한 영역을 헤쳐 나갈 수 있었어요. 저는 서비스 지식이 전무했던 터라 아이디어가 있어도 시스템으로 구체화할 방안을 몰라 막막했어요. 하지만 하고자 하는 마음이 있으니 주변 동료부터 회사까지 전부 적극 서포트해 주시더라고요. 이 프로젝트를 위해 멤버들이 한국에서 유럽으로 다 왔어요. 한국에서 할 수도 있는데 현장에서 필요로 하고 고객이 원하는 일인 만큼, 밀접한 협업을 위해 회사에서도 과감히 지원을 해주신 거예요. 우리가 하나의 법인에 불과하고 기획 부서도 아니어서 안 될 거란 생각이 편협했단 걸 깨달았죠. 프로젝트 내내 야근을 정말 많이 했는데요. 심지어 우리 회사가 아닌 외주 개발자분들도 이 프로젝트를 정말 잘하고 싶어 했어요. 시스템이 잘돼서 유럽에 차 한 대라도 더 팔면 현대차의 이미지가 좋아지고, 결국은 국위선양이라고 생각했거든요. 그분들이 주말까지 반납하며 열정적으로 일하셔서 제가 도시락이랑 김치를 가져가서 함께 먹기도 했어요. 가장 기억에 남는 추억이에요.

개발하면서 기억에 남는 순간도 있었을까요?

외주 솔루션 업체 대표가 저희를 찾아온 순간은 잊지 못할 거예요. 수많은 회사가 견적 시스템 개발에 도전하지 못했고 저희도 당연히 못 할 줄 알았다며 솔루션을 자기에게 팔라고 하더라고요. 저희 때문에 매출 손해가 꽤 있다고 하면서요. 속으로 '절대 안 판다!' 외쳤죠. 진짜 통쾌했어요.

현장에 계신 분들의 피드백도 기억에 남아요. 이탈리아 코모 호수 앞에 30년간 현대차만 판매하신 딜러분이 계시는데, "시스템이 업무에 정말 많이 도움 된다."라고 말씀하시면서 고맙다고 동네 맛집에서 밥을 사주시고 선물도 주셨어요. 이분들은 매일 아침 8시부터 저녁 6시까지 이 시스템 안에서만 일하시거든요. 유럽에만 판매/서비스 딜러 수가 2,500명이 넘고, 전체 직원 수는 20,000명이 훨씬 넘어요. 사용자분들의 피드백을 듣다 보면 내가 하나라도 쉽게 넘어가면 안 되겠다는 책임감이 들어요.

'현대차답게' 일한다는 것은 어떤 모습이라고 생각하시나요?

경쟁보다는 협업을 선택하는 것이 현대차답게 일하는 모습 같아요. 서로 많이 챙겨주고 공동의 목표를 향해서 함께 힘을 북돋는 모습이 좋아요. 보통은 자기 성과에만 집중하는데, 우리는 신기할 정도로 다른 동료를 챙기고 정보를 공유하며 일해요. 함께일하고 자기 일처럼 도와주는 데서 우리만의 시너지가 나온다고 생각해요. 서비스 견적 시스템도 혼자 할 수 있는 프로젝트는 절대 아니었죠. 누군가 같이 걸어가 준다는게 엄청난 힘이 됐어요.

본인이 가진 개성과 아이디어를 회사에선 표출하기 어렵다고 말씀하시는 분들을 종종 만나요. 하지만 혼자 모든 지식을 다 알고 있어야 할 필요는 없어요. 자신 있게 아이디어를 내고 주변의 경험 많은 선배에게 도움을 얻고 물어보는 걸 추천드려요. 질문하기를 부끄러워하시는 분들도 있는데 그게 절대 부족한 부분을 드러내는 것이 아니거든요. 가장 소중한 자산은 혼자 가지고 있는 지식이 아닌, 나와 타인의 지식을 연결하는 힘이라 생각해요. 주변 선배와 동료들에게 많이 묻고 요청하고 찾아보면 좋겠어요.

프로젝트를 진행하며 가장 크게 느낀 점이 있다면요?

나의 일에 최선을 다하다 보면 무대는 세계로 확장된다는 거예요. 저는 유럽 법인으로 입사해서 제가 하는 일의 영향력이 유럽에만 한정된다고 생각했어요. 그런데 제 프로젝트가 본사에서 인정받았고, 하고자 하는 의지가 있으면 내가 어떤 조직에 속해 있건 간에 회사에서도 적극 서포트해 준다는 사실을 깨달았죠. 아이디어를 구체화하고 현실화하는 게 어렵다고 생각할 수 있어요. 하지만 내 주변엔 분야 최고의 전문가인 동료들이 함께죠. 독일에서 개발한 시스템이 유럽 7개국 그리고 본사까지 확장되었듯이, 내 아이디어로 시작한 것도 글로벌하게 전개될 수 있어요. 이게 가능한 회사가 현대차고요.

03

멈추지 않고
더 높이 더 멀리 도전

Bold Moves

"평범해 보이는 오늘의 업무가 쌓여
과거와 미래를 잇는 헤리티지가 되죠."

역사 속으로 사라졌던 '포니 쿠페 콘셉트' 복원 모델이 공개됐다. 포니는 단순 자동차
의 의미를 뛰어넘어 현대차의 역사와 불굴의 도전 정신을 담고 있는 대표적인 유산이
기도 하다. 복원되고 있는 것은 '포니 쿠페'만이 아니다. 현대차는 사내 곳곳에 숨어
있는 헤리티지를 수집하고 그 가치를 되살리기 위해, 수십 년간 쌓인 사료들을 연구
하고 있다. 그 과정에서 고군분투하는 현대차의 고고학자, 헤리티지TFT(현 브랜드
헤리티지팀)의 이예솔 책임매니저와 정종택 책임매니저를 만나 헤리티지는 현재를
살아가는 우리에게 어떤 의미이고, 왜 중요하게 다뤄져야 하는지 이야기 나눴다.

왼쪽부터 이예솔 책임매니저, 정종택 책임매니저

브랜드전략팀 - 헤리티지TFT

이예솔 책임매니저
정종택 책임매니저

현대차의 존재 이유
'휴머니티'

헤리티지TFT에서 어떤 역할을 맡으셨나요?

이예솔 저는 헤리티지TFT에서 포니 관련 자료를 집대성하여 책을 제작하는 업무를 맡고 있어요. 최근 발간한 《RETRACE Series - 포니》에서 당사가 어떻게 독자 모델 개발에 도전했는지 그 시작부터 포니의 개발, 수출 과정에 관한 사료를 수집하고 분석하여 스토리로 엮는 역할을 담당했습니다.

정종택 현대차에서 진행하는 헤리티지TFT 업무를 종합 관리하고 조율하는 역할을 맡고 있어요. 본사·연구소·공장 등 전사 각 부문 담당자분들과 함께 당사 헤리티지의 수집 및 관리와 그를 통한 고객과의 커뮤니케이션을 담당했죠. 한마디로 각 부문의 역할에 맞춘 헤리티지 사업이 진행되도록 소통하는 업무를 하고 있습니다.

헤리티지TFT의 대표적인 프로젝트에는 어떤 게 있을까요?

정종택 헤리티지TFT는 현대차의 역사적 자산을 잘 보존하여 사내외 고객에게 영감을 주겠다는 목표로 출발했어요. 한 예로 남양연구소 보관장에는 현대차 창업 이후 제작된 다양한 차량들이 보관되어 있는데, 그동안 세심하게 관리되지 못했어요. 이번 헤리티지TFT 활동을 하면서 연구소분들과 함께 보관 시설을 새로 구축하고 차량 관리 체계를 만들어 가고 있죠.

현대모터스튜디오 서울에서 '포니의 시간'이라는 전시도 진행했어요. 포니는 우리나라 역사 중 특히 산업사 측면에서 굉장히 중요한 역할을 한 자동차예요. 그런 이유 때문에 포니 이야기만 하는 것이 아니라 시대적 상황과 관련한 아카이빙물을 모아서 포니와 함께 그 시대를 돌아보고 느끼실 수 있도록 준비했어요. 포니의 시작부터 개발과 수출까지, 다양한 스토리와 함께 현대차가 헤리티지를 바탕으로 어떤 미래를 그려 가고 있는지 보여주기 위해 노력한 전시이기도 해서 임직원분들에게도 중요한 자리가 될 거라고 생각했어요.

헤리티지라는 단어는 히스토리와 어떻게 다른가요?

이예솔 히스토리는 연혁을 특정 관점에서 정리한다면, 헤리티지는 '우리의 정신적, 물질적 유산 중 미래로 나아가기 위해서는 무엇을 계승해야 할까?'의 답을 찾는 작업이에요. 과거의 시도와 행적을 되짚어 보면서 오늘날을 살아가는 우리가 어떤 메시지를 얻고 배워야 하는지 깨닫는 거죠. '우리다움'이 뭔지, 또 앞으로 지속 계승해야 할 자산은 무엇일지에 대해 깊은 사유를 하기도 하고요. 지금의 현대차를 있게 한 DNA를 발견해 나가는 뜻깊은 작업이기 때문에 책임감을 가지고 임하고 있어요.

책임님이 발견하신 현대차의 헤리티지란 무엇일지 궁금해요.

정종택 대부분 회사가 진보와 혁신을 이야기하지만 현대차의 지향점은 조금 달라요. 현대차는 정주영 선대회장님 때부터 '사람을 향한 기술, 휴머니티'를 중요하게 여겼어요. 단순히 자동차만 만드시려고 했던 게 아니라 후대가 더 나은 삶을 살게 하기 위해서 고속도로, 항만 시설 같은 모빌리티 인프라도 필요하다고 생각하셨죠. 산업 전체의 발전을 위해 선구자적인 시선에서 바라보신 거예요.

그 정신을 계승한 정몽구 명예회장님 역시 '고객 안전'을 최우선으로 글로벌 품질 경영을 이끌며 품질의 가치를 전 세계로 확장하셨어요. 현재 회장님께서는 인류를 위한 스마트 모빌리티를 개척하고 계시죠. 이렇게 전해져 온 가치들이 어떤 영감을 줄 수 있을지 고민하고 직원분들이 일하는 방식에 반영할 수 있도록 하는 게 저희의 또 다른 역할이에요. 브랜드 비전 'Progress for Humanity' 안에는 헤리티지의 가치와 미래 모빌리티 기업인 저희의 지향점이 온전히 담겨 있죠.

세월을 관통하는 현대차의 일하는 방식, 인간적인 집요함

현대차의 역사를 누구보다 열심히 공부하셨어요. '현대차답게' 일한다는 건 무엇일까요?

이예솔 '인간적인 집요함'이라고 생각해요. 반세기 전만 해도 한국의 자동차 산업 환경은 매우 열악했어요. 첫 독자 모델 포니를 개발하고 생산하기 위해 해외 각지의 전문가들을 영입해야 했고요. 일화를 하나 예로 들면, 포니 생산을 위해 울산에 완성차 공장을 설립하면서 단조(금속 가공) 공장도 지었어요. 하지만 당시 국내엔 단조 시설을 구축할 기술자가 전무해서 쇼와 공업의 '나찌'라는 분을 고문으로 모시려고 했죠.

그런데 그분이 오른손이 절단되는 사고를 겪어 "기술을 가르쳐 줄 수 없게 되었다."라고 하셨대요. 그 말을 듣고 현대차 직원들이 나찌 고문을 찾아가 "우리에게 필요한 건 당신의 손이 아니라 머리입니다. 우리를 지도해 주십시오."라고 설득했다고 해요. 이 한마디 말 덕분에 나찌 고문이 현대차에 와서 성심껏 단조 기술을 가르쳐 주셨죠. 사람의 마음을 열고자 하는 노력과 인간적 감화가 배움의 기회를 만들었다고 봐요. 이러한 집요한 노력이 오늘날의 현대차를 이루었고 우리의 일하는 방식에 남아 있다고 생각해요.

정종택 오늘날 프로세스를 기반으로 톱니바퀴처럼 움직이는 기업들이 많지만 현대차는 '사람이 움직이는 기업'이에요. 보이지 않는 곳에서 노력하시는 직원 한 분 한 분의 마음가짐이 모여 있죠. 도전적이고 인간적인 면이 다른 기업과의 차이를 만든다고 생각해요.

'집요함'은 현대차의 DNA 같아요. 헤리티지 업무에서 집요함이 갖는 가치는 무엇인지 궁금해요.

이예솔 프로젝트를 진행할 때, 포니를 디자인한 주지아로 선생님을 통해 포니 쿠페 양산과 관련된 사진을 입수했어요. 하지만 배경지식이 부족하다 보니 구체적으로 어떤 과정의 사진인지 명확히 알 수 없었어요. 설명 문구를 간소화하거나 뭉뚱그려서 표기하는 쉬운 길도 있었지만 제작하는 책에 정보를 최대한 많이, 정확하게 담고 싶었죠. '툴링TOOLING 센터'의 현대성형개발1팀 전제형 책임님께 어떤 공정인지 문의를 드렸는데 너무나도 오래된 가공 방식이라 담당자분께도 생소한 모습이었다고 해요. 그런데 책임님께서 퇴임하신 선배와 중역분들께 연락을 돌려 여쭤봐 주신 거예요. 그렇게 얻은 답변과 툴링 센터에서 보관하던 포니 쿠페 양산 금형 제작 문서 사본까지 보내주셨어요. 현대차는 역시 사람과 어우러져서 일한다는 잔잔한 감동을 느꼈죠.

정종택 저희가 집요하게 헤리티지의 가치를 되살리려는 이유는 복원 작업이 일하는 방식의 변화까지도 이끌어낼 수 있다고 생각하기 때문이에요. 과거 선배들이 했던 작업을 복원하는 활동을 통해 지금 내가 하는 업무의 가치도 매우 높다는 것을 직원분들께서 공감해 주셨으면 좋겠어요.

헤리티지로 남을
지금 우리의 일

헤리티지 업무를 하기 전과 후, 본인에게 달라진 점이 있을까요?

이예솔 때로는 반복적으로 하는 업무가 평범하게 느껴질 때가 있어요. 하지만 그 업무가 시작된 이유를 인지하고 과거의 시행착오가 쌓여 오늘 내가 하는 일이 되었다고 생각하면 일을 대하는 시각이 달라지더라고요. 포니 수출 초창기에는 중동의 뜨거운 기후를 견디지 못하고 포니 내장재가 변형 및 변색되는 사건이 발생했다고 해요. 지금은 현지 테스트가 당연하지만, 처음 수출할 땐 필요성을 몰랐기 때문에 발생한 품질 이슈죠. 그 사건을 계기로 혹한·혹서 테스트를 포함한 다양한 품질 테스트가 업무 프로세스로 정착되었다고 해요. 오늘날 반복적으로 하는 업무도 히스토리를 알면 그 의의와 가치가 느껴져요. 그 당시 포니를 시작으로 오늘의 업무 프로세스가 다져진 것처럼 내가 지금 하는 일들도 차곡차곡 쌓여서 후대의 기반이 된다고 생각하면 일에 더욱 애정이 생기죠.

정종택 헤리티지 업무를 하면서 외부의 다양한 전문가를 만나게 되었는데 모두가 헤리티지의 중요성에 공감을 해주세요. 현대차의 역사가 현대차만의 것이 아니고, 한국의 근현대사와 밀접한 연관이 있기 때문에 우리 역사를 재정립하고 산업화를 가치 있게 재조명하는 데 큰 의미가 있다고 하시더라고요. 그만큼 기분 좋은 책임감을 느끼며 일하게 됐죠.

한 예시로, 남양연구소에는 차량 디자인·설계 도면 보관장이 있어요. 그 도면을 자세히 보면 당시 디자인, 설계 담당자분들이 한 땀 한 땀 그렸다 지웠다를 반복하며 작업한 흔적을 찾을 수 있어요. 3D 데이터로 작업이 진행되는 지금과는 다른 모습이죠. 그런 흔적들이 한국 자동차 역사에서 굉장히 중요한 사료들이거든요. 그냥 두면 안 되겠다 싶어 한국전통문화대학교의 이상현 교수님께 이 도면들의 복원 작업을 의뢰했어요. 교수님은 규장각, 간송미술관 등에서 국보 및 보물급의 중요 문화재를 복원하시는 분이세요. 교수님께서 "근지류 복원을 의뢰하는 경우가 많지 않은데, 현대차에서 이런 작업을 하는 게 굉장히 의미가 있다고 생각한다."며 고맙다고 말씀하시더라고요.

헤리티지의 가치와 관련해 마지막으로 전하고 싶은 이야기가 있으실까요?

정종택 헤리티지 업무는 누군가가 가지고 있는 기존의 가치관이나 생각을 긍정적으로 바꿀 수 있는 일이에요. 업무를 할 때, 우리가 하는 일도 역사가 되고 또 다른 헤리티지가 될 수 있다는 생각을 갖고 본인의 일을 더 가치 있게 느끼신다면 큰 보람으로 다가올 것 같아요.

이예솔 옛날 울산공장장을 역임하셨고 지금은 돌아가신 한 선배님의 말씀을 전달하고 싶어요. "먼 훗날, 나는 비록 이 세상에 없을지라도 우리 세대가 가족과 화기애애하게 지내야 할 소중한 시간을 희생하며 보다 나은 미래를 위해 노력했다는 사실을 누군가 알아줄 것을 굳게 믿는다." 앞으로도 헤리티지 업무를 하면서 오늘날 우리가 하는 업무와 기반이 당연하게 주어진 것이 아니라 많은 분의 노력으로 이뤄진 의미 있는 것임을 전하고 싶어요.

"지속가능한 스포츠 캠페인,
우리가 할 수 있는 일에 한계는 없어요."

2022 FIFA 카타르 월드컵은 현대차와 월드컵 모두에게 특별했다. 월드컵 최초로 중동 최대 산유국인 카타르에 전기차를 제공했기 때문이다. 또한 지속가능성을 캠페인 키워드로 삼아 흙으로 만든 전시관과 카타르 바닷속 플라스틱으로 만든 초대형 골대를 설치했다. 모두가 말이 안 된다는 걸 현실로 만든 3년이라는 시간에는 무슨 이야기가 담겨 있을까. 브랜드가 전개하는 스포츠 마케팅은 어떤 철학과 목표를 갖는지, 진승준 브랜드프로모션팀 팀장을 만나 물었다. 모두가 진심으로 하나의 목표를 위해 움직일 때 개인의 기쁨과 브랜드의 성장이 함께할 수 있음을 느끼는 시간이었다.

브랜드프로모션팀

진승준 팀장

우주과학자를 꿈꾸던 대학생,
현대차 스포츠 마케터로

어떤 업무를 담당하고 계신가요?

FIFA 파트너십을 포함한 글로벌 스포츠 마케팅 업무, 유엔개발계획과 함께하는 파트너십, 세계가전전시회CES·뮌헨 모터쇼IAA 같은 글로벌 전시 마케팅 플랫폼 업무를 담당하고 있어요.

브랜드프로모션팀으로 오시게 된 과정이 궁금해요.

원래 대학에서 처음 전공한 것은 우주과학이었어요. 그런데 어느 순간부터 별들이 저한테는 축구공처럼 보이더라고요. 그래서 다니던 학교를 자퇴하고 미국에서 스포츠 매니지먼트를 전공했죠. 졸업 후에는 제일기획에 입사해 8년 정도 삼성전자의 스포츠 마케팅을 담당했어요. 2015년에 현대차로 이직한 후, 국내사업본부에서 마케팅을 담당하다가 브랜드프로모션팀으로 자리를 옮겼어요.

스포츠 마케팅이 정확히 무엇을 의미하나요?

스포츠 마케팅의 정의는 크게 두 가지예요. 첫째는 마케팅 오브 스포츠Marketing of Sport로 스포츠 자체를 마케팅하는 것이죠. 구단이나 리그, 협회, 스포츠 선수들에 대한 마케팅이 여기 포함돼요. 둘째는 마케팅 스루 스포츠Marketing through Sport예요. 말 그대로 스포츠를 통한 마케팅이죠. 현대차를 포함한 브랜드들이 스포츠를 후원하거나 라이선싱하는 활동이라고 생각해 주시면 돼요.

그렇다면 스포츠 마케팅 분야에서는 어떤 일을 맡으셨나요?

2019년부터 2년간 현대차는 유럽 축구 5대 리그 소속 5개 팀을 후원했어요. FIFA는 2000년부터 후원해 오고 있고요. 2000년대 초반까지 유럽 시장에서 현대차는 2등 브랜드의 이미지를 가지고 있었어요. 그 이미지를 바꾸는 데 FIFA와 유럽 축구팀 후원이 큰 역할을 했다고 생각해요. 지난해에 유럽 축구팀을 후원하면서 실질적 후원 효과 조사를 진행했어요. 첼시 팬을 두 집단으로 구분했는데, 한 집단은 현대차가 첼시를 후원하는 사실을 알고 있었고 다른 한 집단은 모르고 있었어요. 후원 사실을 알고 있는 집단에서 현대차 호감도와 차량 구매율이 월등히 높았고요. 이런 식으로 후원 효과를 분석하면서 마케팅 활동을 하고 있어요.

월드컵 마케팅,
지속가능성을 위한 새로운 시도

카타르 월드컵 캠페인의 핵심 키워드가 '지속가능성'이라고 들었어요. 스포츠와 직접 관련이 없는 키워드를 메인으로 설정한 이유가 있나요?

지난 20년 동안 현대차의 월드컵 마케팅에서 핵심 키워드는 '팬'이었어요. 그런데 다른 월드컵 후원사도 팬을 키워드로 사용하기 때문에 저희는 현대차만의 차별점을 살려보기로 했죠. 축구 용어로 표현하되 현대차의 핵심 브랜드 속성 중의 하나인 지속가능성을 담은 마케팅을 전개했어요.

캠페인 이름은 '세기의 골Goal of the Century'로, '골'은 축구에서의 골과 목표 두 가지 의미를 가지고 있어요. 의미를 종합하면 경기장에서 관중들이 멋진 골을 즐기는 사이에 현대차는 지구를 살리는 목표를 이뤄가겠다는 메시지예요.

'세기의 골 공약' 이벤트도 진행하셨다고요.

맞아요. FIFA와 함께 진행하였고, 응원하는 팀이 골을 넣을 경우 친환경 활동을 하겠다는 공약을 모으는 이벤트였죠. 글로벌 축구 팬들이 축구뿐 아니라 환경을 살리는 활동에도 많은 관심을 가졌으면 좋겠다는 바람을 담았어요. 이번 캠페인을 함께했던 축구 선수 스티븐 제라드가 "잉글랜드 팀이 골을 넣을 때마다 나무를 심겠다."라고 공약하기도 했죠.

카타르가 중동 최대 산유국 가운데 하나인데, 대회 공식 차량의 50% 이상을 EV와 HEV 차량으로 제공했다는 점도 독특해요.

월드컵 공식 차량으로 저공해차를 운영한 것은 카타르 월드컵이 처음이에요. 마케팅을 기획할 때는 저희 역시 말도 안 되는 일이라고 생각했어요. 카타르에 전기차를 수용할 수 있는 인프라가 전무했거든요. 보통 월드컵 마케팅은 1년 전부터 준비에 들어가는데, 카타르 월드컵은 3년 전부터 준비를 시작했죠. FIFA뿐 아니라 카타르 정부를 설득하는 일이 최대 과제였어요. FIFA, 카타르 정부 모두와 어느 정도 합의를 한 끝에 전체 차량 중 15%는 저공해차로 후원하기로 했어요.

결정된 내용을 내부적으로 보고했는데 저공해차 비율을 50%로 높였으면 한다는 결론이 난 거예요. 당초 충전소 20기를 설치할 계획을 가지고 있던 카타르 정부와 FIFA를 다시 설득해서 월드컵이 진행될 때까지 전기차 충전소 100기를 설치하기로 했어요. 현대차는 100여 대의 전기차를 포함한 약 250대의 저공해 차량을 제공하고요. 이런 과정 끝에 2023년 11월 카타르에서 사막을 달리는 아이오닉 5를 볼 수 있었죠.

2019년 FIFA 프랑스 여자 월드컵 때는 에어백 소재로 전시관을 만들었는데요. 카타르 월드컵 전시관에도 특별한 비밀이 있나요?

카타르 월드컵 전시관은 흙으로 만든 벽돌로만 외관을 지었어요. 월드컵이 끝나면 건물 폐기 과정에서 환경오염 없이 자연으로 돌아가게 되죠. '가장 특별한 골The greatest goal'이라는 이름의 초대형 골대도 만들었는데요. 이 골대 역시 축구장을 건설하는 과정에서 나온 폐기물, 카타르 주변 바다에서 나온 플라스틱을 소재로 만들었어요.

사회를 바꾸는 메시지,
진심을 전하는 캠페인

2018년 평창 동계올림픽에서 현대차가 공식 차량 후원을 했죠.

올림픽은 선수단과 스태프 이동에 자동차 후원이 필요해요. 올림픽 자동차 후원의 경우 일반적으로 로컬 후원으로 진행되어 왔는데요. 평창 동계올림픽 때 처음으로 토요타가 글로벌 후원사가 됐어요. 그런데 우리나라에서 열리는 올림픽이니 토요타가 후원과 마케팅을 하는 것보다는 저희가 맡는 게 좋을 것 같다는 공감대가 형성됐죠. 원래는 동일 업종의 후원사가 들어올 수 없다는 룰이 있는데 처음으로 이 룰이 깨졌어요.

현대차는 국내 마케팅, 토요타는 한국을 제외한 글로벌 마케팅을 담당했어요. 현대차는 5,000대 이상의 차량을 지원했고 홍보관을 마련했죠. 올림픽에서 홍보관은 굉장히 중요한 의미를 지녀요. 올림픽 개막과 함께 전 세계의 내로라하는 국빈과 글로벌 기업 CEO가 현장에 오고 개막식 전후에 홍보관을 방문하기 때문이에요. 당시 현대차는 굉장히 임팩트 있는 홍보관을 제작하고 운영했기에, 포브스에서 '평창 동계올림픽의 진정한 승자는 토요타가 아니라 현대차다.'라는 내용의 기사가 나오기도 했죠.

평창 동계올림픽 당시 컬링을 활용한 캠페인은 현대차 브랜드가 거의 드러나지 않은 점이 인상적이었어요. 그 이유가 있을까요?
지난 20년 동안은 브랜드 인지도를 끌어올리는 게 중요했는데, 이제는 사회를 바꾸는 메시지를 전달하는 데 중점을 둬야 한다고 판단했어요. 우리나라는 OECD 국가 중 보행자 사고가 높은 편이에요. 그래서 보행자 사고에 관한 경각심을 불러일으키고 사고 없는 사회를 함께 만들어 보자는 캠페인을 했어요.

스포츠 마케팅의 진화 과정을 현장에서 몸소 체험하고 계세요. 현대차에서 스포츠 마케터로 일하는 이유가 궁금해요.

사실 스포츠 마케팅의 효과는 수치로 증명되는 것보다 무형의 효과가 더 많아요. 현대차는 이런 스포츠 마케팅의 특성을 이해하며 단기 효과에만 집중하지 않고 중장기적인 관점에서 후원과 마케팅을 진행해요. 그렇기에 스포츠 마케터로서 신나게 일할 수 있는 환경이라고 생각했어요.

일례로 국내마케팅팀에서 근무할 때는 4년 동안 골프 대회인 '제네시스 챔피언십' 마케팅을 담당했어요. 그때 자동차를 팬들이 올 수 있는 공간에만 전시해 두고 골프장 코스에서 모두 빼자는 경영진 의견이 있었어요. 선수들이 시합하는 데 불편할까 우려돼서였죠. 당장의 홍보 효과는 덜할지 몰라도 이런 마음이 결국은 선수들과 팬들에게 전달된다고 생각해요. 스포츠를 사랑하는 사람들이 진정으로 공감하고 좋아할 만한 이벤트를 기획하면서 스포츠를 사랑하는 한 명의 팬으로서 더 큰 보람을 느껴요.

"당장의 수익보다는 편리하고 즐거운
차량 이용 경험을 제공하고 싶어요."

현대차에서 세계 최초로 실물 카드가 필요 없는 e hi-pass 시스템을 개발해 차량
에 도입했다. 당장의 수익보다는 고객 편의를 위한 기술 개발이라는 점이 인상적이
다. 도로공사부터 카드사까지, 설득을 위한 여정도 길었다. 더 나아가 낭비되는 비용
이 고객에게 혜택으로 돌아갈 수 있도록 서비스를 향상시키고 작은 불편까지 개선했
다. 이제는 당연하게 느껴지는 편리함 뒤에 사려 깊은 시각으로 고객 경험의 완성도를
높인 사람들이 있다. 이승재, 최민석 책임연구원을 만나 집요한 연구를 통한 서비스
준비와 출시 과정, 앞으로의 계획을 들었다.

왼쪽부터 최민석 책임연구원, 이승재 책임연구원

인포테인먼트플랫폼개발1팀

이승재 책임연구원

커넥티비티팀

최민석 책임연구원

고객에게 더 나은,
새로운 경험을 주는 기술 개발

'e hi-pass'가 어떤 서비스인지 자세히 설명 부탁드려요.

최민석 e hi-pass는 실물 카드 없이 유료 도로 통행료 결제가 가능한 서비스예요. 자동요금징수체계라고 불리는 차량의 내장칩에 하이패스 카드 정보를 내려받고 서비스를 이용할 수 있어요. 방법도 간단한데요. 커넥티드카 서비스 애플리케이션인 현대 블루링크, MY GENESIS, 기아커넥트의 e hi-pass 메뉴에서 카드 신청을 하면 짧게는 1~2분에서 최대 1시간 이내에 카드사 심사가 완료되고, 고객이 차량 시동을 켜면 암호화된 카드 정보가 차량에 자동으로 다운로드 돼요. 실물 카드 파손·분실·도난 걱정 없이 다운로드 즉시 서비스를 이용할 수 있는 장점이 있죠.

실물 카드가 필요 없다니 굉장히 간편하네요. 서비스 개발 계기가 궁금해요.

최민석 2020년에 '카페이'라는 차량 내 간편 결제 서비스를 시작했어요. 주유소, 주차장, 충전소 등 제휴처에서 실물 신용카드 없이 결제 가능한 서비스인데요. e hi-pass는 카페이 제휴처를 확대하기 위해 검토하던 아이템 중 하나였어요. 처음에는 카페이에 등록한 결제 신용카드를 활용해서 유료 도로 통행료도 쉽게 결제하면 좋겠다는 아이디어에서 시작했죠. 이 방식을 쓰려면 도로공사의 규격과 인프라 등 많은 제반 시설을 바꿔야 했어요. 개발 일정을 준수하면서도 이 프로젝트에 참여하는 관계사들의 부담도 덜며, 현재 하이패스 생태계에서 할 수 있는 최적의 방식이 무엇일까 많은 논의를 거쳤어요. 플랫폼개발1팀을 필두로 소프트웨어개발팀, 서버개발팀 등 센터 전 유관 부문과 모비스, 오토에버, 현대카드 등 그룹사에서 적극적으로 참여하며 빠르게 개발할 수 있었고요.

이승재 기존 하이패스 시스템이 2007년 도입된 이후 큰 개선이나 변화가 없었어요. 처음에는 기존 방식을 개선하는 방향도 검토했지만 UI 수준의 미미한 변화만 가능했죠. 결론적으로 실물 카드 없이 카페이와 연동한다는 방향성이 회사와 고객 모두가 새롭고 다르다는 면에서 공감할 수 있는 변화라고 판단했어요. '커넥티드카'라는 이름에 비해 실물 카드를 별도로 구입하고 단말기에 꽂아 사용하는 방식은 과거에 머물러 있는 것 같았으니까요. 여러 이해관계가 얽혀 있어 풀어내기 어렵겠지만 기술적으로는 충분히 해볼 수 있겠다고 의견을 모았어요. 기술을 바탕으로 고객에게 더 나은 경험을 제공하는 것이 우리 팀과 회사의 역할이라고 생각했기에 새로운 시도를 할 수 있었죠.

대대적인 변화인 만큼 우여곡절이 많았을 것 같아요.

이승재 사실 '이렇게 해볼까?'라는 큰 방향성만 있었지, 구체적으로 어떻게 기술을 개발하고 사업화할지 뾰족한 수가 없었어요. 제어기 개발 담당자인 저 혼자 검토할 수 없는 영역이 많았죠. '일단 할 수 있는 것부터 시작해 보자.'라는 마음으로 개발 콘셉트 자료 하나 덜렁 들고 직접 도로공사, 신용카드사 등 여러 기관의 문을 두드리며 가능성 검토를 요청했어요. 책상에 앉아만 있지 않고 직접 부딪히고 만나서 인프라 측면에서 가능 여부를 빠르게 확인하며 시행착오를 줄인 의미 있는 시간이었죠.

최민석 저는 중간에 PM으로 투입이 되었는데요. 개발을 완료하기엔 시간이 부족한 점이 가장 난관이었어요. PM이 고객 사용 정책이나 시나리오를 기획하는 역할이긴 하지만, 결국 기능을 구현하는 것은 최종단의 일이에요. 기술이 뒷받침되지 않는 기획은 의미가 없기 때문에 정확한 기술 사양에 대해 이승재 책임님이 많은 가이드를 주셨어요. 제가 합류하기 이전에 이미 이 서비스를 제공하기 위한 고객 채널 검토를 저희 팀 한수진 연구원님이 많이 진행해 놓으신 점도 역시 큰 도움이 되었고요.

설득의 열쇠는
상대에게 필요한 가치를 주는 것

한국도로공사, 카드 회사 등 외부 기관과의 협업이 많았어요. 다양한 조직과의 협업을 성공적으로 이끈 비결이 궁금해요.

이승재 상대가 원하는 것을 우리가 충족시킬 수 있다는 사실을 어필했어요. 조직은 결국 이해관계에 따라 움직여요. 하나의 프로젝트이지만 각 조직의 니즈에 맞춰서 다르게 어필하고 추가 요구 사항도 충분히 들어주는 과정이 필요해요. 우리의 제안이 딱 적절한 타이밍이었고 방향성도 맞아떨어졌죠. "새로운 변화와 혁신이지만 기존 하이패스 규격과 도로 톨게이트 인프라 시스템은 유지한 채로 실행 가능한 개선안이 나올 거예요."라고 설득하여 파트너십을 요청했어요.

최민석 e hi-pass 서비스가 신용카드 회사의 상품이라 카드사들도 설득해야 했어요. 신용카드사는 시장 점유율을 단 0.1%라도 상승시키기 위해 다양한 노력을 하는데요. e hi-pass 서비스가 왜 카드사에 플러스 요인인지를 설명했죠. 실물 카드는 제작과 발송에 따른 비용, 간헐적 카드 불량, 배송 시간 소요 등의 문제점을 가지는데 e hi-pass는 이것들을 단번에 해결할 수 있었어요. '세계 최초' 서비스라는 점에서 혁신적이기도 했고요. 현대카드에서 가장 먼저 출시했고 이후 신한·삼성·국민까지 국내 4대 카드사 모두 협업을 진행했어요. 고객 편의를 돕는 '혁신적인 서비스'와 플라스틱 카드 발급을 줄이는 '친환경 상품'이라는 두 가지 포인트를 강조하고 있어요.

개발 기간이 굉장히 촉박하셨다고요. 시간 문제를 어떻게 해결하셨나요?

이승재 '기다리지 않고 먼저 움직인 것'이 해결책이었어요. 모든 개발 업무가 그렇듯 적용 목표 차종은 정해져 있고 시간은 없어요. 게다가 이 프로젝트는 카드 IC를 담당하는 카드칩 제조사, 하이패스 단말기, ccNC, 인카페이먼트 서버, 카드 발급 관리 신규 서버 개발, 카드사, 도로공사까지 모든 부문이 유기적으로 움직여야 개발이 가능했죠. 촉박한 일정 속에서 일방적으로 요청만 하기보다는 직접 협력사로 출근해 함께 이슈 원인 분석을 하고 도움이 필요한 부문에 바로 협조 요청을 했어요. 그때그때 필요한 의사결정은 최대한 그 자리에서 처리하고요. 다들 몰입해 있다 보니 풀리지 않는 문제가 있을 때는 늦은 시간까지 함께 고민하고 마무리하려고 노력했죠. 여섯 회사가 모여 프로젝트를 진행했는데 정말 하나의 팀처럼 함께 일했어요.

최민석 서로 존중과 신뢰가 바탕에 있으니 이슈가 발생했을 때도 문제를 축소하거나 숨기지 않고 모두 빠르게 대처했어요. 불필요하게 여러 단계를 거쳐 소통하는 태도는 지양했죠. 주간 회의 때도 몇몇 중심 조직만 모이는 게 아니라 관련 조직 모두 한자리에 모여 이야기하는 문화를 만들었어요. 결정된 사양이 변경될 경우 치명적일 수 있었기에 전 참여 부문과 매주 개발 진행 상황과 의견을 공유하고 그 자리에서 합의점을 도출해야 했죠. 협의한 내용을 포함한 프로젝트 진행 현황은 주간 회의를 통해 공유했고, 의사결정이 필요한 안건은 실장님이나 센터장님께서 빠르게 결정해 주셨기에 일정을 지킬 수 있었어요.

한 팀이 아니라 거의 한 몸처럼 움직이셨네요. 이런 난관을 거쳐 론칭한 e hi-pass가 그랜저에 최초 적용됐죠. 고객들 반응은 어떤가요?

이승재 인터넷 카페나 기사를 보면 편리하다는 댓글이 많아요. 서비스가 상용화되어도 고객이 사용하지 않으면 무의미하잖아요. 이 시스템의 주요 가치는 고객 편의에 있어요. 아주 작은 부분 하나까지도 고객의 수고를 덜어줄 방법이 무엇일지 고민하는 것이 저희 역할이에요. 기존 실물 하이패스에 대한 고객 의견을 수집해 보면, 사용법을 몰라 일단 일반 신용카드를 삽입했다가 불편을 겪었다는 내용도 있었어요.

매년 300만 장이 넘는 하이패스 플라스틱 카드가 만들어지고 있다고 해요. e hi-pass를 통해 차량을 인수한 시점부터 하이패스 카드를 무선으로 내려 받을 수 있다면 여러 문제가 줄어들 거예요. 이런 디테일이 모여 우리 회사 제품의 수준이 올라가는 거라고 믿어요.

최민석 저 역시 e hi-pass가 적용된 차종 카페와 동호회에서 활동하면서 고객 반응을 살피고 있어요. 한 번 서비스를 사용한 고객은 이탈 없이 반복적으로 서비스를 사용하고, 이용 건수와 금액도 매일 폭발적으로 증가하고 있어요. 자동으로 통행료 결제가 되기 때문에 마치 주행 보조 기능처럼 고객 차량 경험의 완성도를 높이는 기본적이고 주요한 서비스로 자리 잡을 것 같아요.

이 프로젝트는 즉각적인 수익성보다는 고객에게 편리하고 즐거운 차량 이용 경험을 제공하기 위해 진행했어요. e hi-pass를 통해 기존 실물 플라스틱 카드 발급 비용을 절감할 수 있었는데요. 이 절감 비용을 당사와 나누기보다는 고객에게 혜택을 제공하는 방안으로 카드사와 논의했죠. 그 결과로 연회비 면제, 통행료 결제 금액 캐시백, 가입 감사 기프티콘 같은 혜택을 제공하고 있어요. 이러한 노력이 우리 회사에 좋은 기억과 이미지를 만들어 가는 데 기여할 것이라고 기대해요.

고객을 위한 디테일한 고민이 느껴집니다. e hi-pass 또는 카페이의 다음 단계는 무엇일까요?

최민석 서비스를 운영하면서 개선점을 도출하고 반영하여 완성도를 높이고 있어요. e hi-pass를 순차적으로 전 차종에 적용하고 안정적으로 운영하기 위해 책임을 다하고 싶어요. 4대 카드사 외에 다른 신용카드사까지 확대를 계획 중에 있고, 신청 단계 간소화와 선불 충전 카드 이용 고객을 위한 기능 제공도 예정 중이고요. e hi-pass는 차량 내 간편 결제 서비스인 카페이의 세부 영역이에요. 고객들이 카페이를 적극적으로 사용할 수 있도록 주유소, 주차장, 충전소, F&B 영역까지 카페이 제휴처 확대를 추진하고 있어요.

이승재 고객 사용률을 끌어올리려면 카페이 사용처 확대가 최우선이라고 생각해요. 앞으로 e hi-pass 기술을 활용해 확장된 결제 서비스를 제공해 줄 수 있을 거예요. 단순히 새로운 기술이 아닌, 고객 니즈에 맞춰 새롭고 편리하게 느낄 수 있는 기술을 고민하여 개발하고 싶어요.

"제일 까다로운 고객을
만족시키기 위해 작업해요."

누구도 가보지 않은 길을 걷는 사람들은 어떻게 일할까? 현대차는 직원들을 위한
산업용 착용 로봇을 개발하고 있다. 각 분야의 전문가 협업을 통해 새로운 길을 내고,
집요하게 현장의 피드백을 담아 100번 이상의 개선 과정을 거쳤다. 필요를 위해서라
면 불가능을 무색하게 만드는 사람들. 가장 까다로운 고객과 환경을 기준으로 삼아
완벽을 추구하는 팀. 생산 현장 작업자들의 안전과 업무 효율을 위해 개발한 엑스블
숄더 이야기를 통해 현대차의 일하는 방식을 들었다.

왼쪽부터 최종규 책임연구원, 김규정 책임연구원, 김종우 책임연구원

관절로보틱스팀

김규정 책임연구원

로보틱스사업1팀

김종우 책임연구원
최종규 책임연구원

일자리를 뺏는 로봇이 아닌
건강하게 일하도록 돕는 로봇

각자 맡으신 역할이 궁금해요.

최종규 저는 착용 로봇의 사용성 평가 및 개선을 담당하고 있어요. 사용자가 로봇을 사용하는 맥락을 관찰하고, 인터뷰를 통해 로봇의 사용성 이슈와 사용자의 요구 사항을 발견하여 사용자의 언어를 개발자의 언어로 전달하는 업무를 해요.

김규정 산업용과 의료용 착용 로봇 하드웨어 개발을 담당해요. 2019년 벡스부터 시작해 보행 장애 환자를 대상으로 보행을 돕는 엑스블 멕스에 이어 엑스블 숄더를 개발하고 있어요.

김종우 의료용이나 산업용 착용 로봇이 세상에 나가고 현장에 적용되기까지, 인허가를 비롯한 사업화를 담당해요.

착용 로봇 하면 의료용 로봇이 생각나요. 산업용 착용 로봇은 어떤 건가요?

김규정 휠체어에서 일어나 걸을 수 있도록 돕는 이동 약자를 위한 로봇은 의료용이고요. 산업용은 일하는 현장에서 작업자분들을 돕죠. 예를 들어, 앉은 자세로 낮은 작업을 하면 무릎에 부담이 많이 가는데요. 의자형 로봇인 첵스를 착용하면 최대 40%까지 피로도를 낮출 수 있어요. 엑스블 숄더는 팔을 들어 위를 보고 일하는 윗보기 작업을 할 때, 어깨 힘을 보조해 주는 조끼형 착용 로봇이에요. 기존 산업용 웨어러블 로봇들의 불편을 개선해 사용자가 착용 로봇에 익숙해질 수 있는 간편한 형태의 엑스블 숄더를 새롭게 개발하게 되었어요.

엑스블 숄더는 현대차 생산 공장 직원들을 위해 만들어졌다고 들었어요. 어떻게 개발을 시작하셨나요?

김종우 공장 근로자가 많은 우리 회사 특성상 직원의 건강과 안전한 작업이 중요해요. 모든 사람이 45세부터 근육이 감소하는데, 현장에 50대 이상이 점점 늘다 보니 근골격계 질환으로 고생하는 분이 많더라고요. 하루에 3,600번씩 팔을 올렸다 내리기를

20년 넘게 하시니까요. 어깨 관절이 아프면 어깨 사용을 가급적 줄이고 휴식을 취해야 하는데, 작업자분들은 이게 직업이니 계속 쓸 수밖에 없고요. 직원 안전과 건강을 최우선 순위로 생각하다 보니 산업용 착용 로봇이 솔루션 중 하나가 되었어요. 직원들을 위한 투자기에 그룹사 여러 부문의 협조도 받아 개발하고 있죠.

직원들이 더 편하고 안전하게 작업하길 바라는 마음에서 탄생한 로봇이군요. 작업자분들의 반응은 어땠어요?

김종우 '로봇' 하면 일자리를 뺏는다는 거부감이 있잖아요. 처음엔 찾아갔다가 쫓겨나기도 했어요. 현장 들어가기 전에 사전 설명회를 11번이나 진행해서 충분히 취지를 이해하셨다고 생각했는데 첫날 쫓겨난 거예요. 아무래도 몸에 센서를 부착하다 보니 거부감이 컸던 것 같아요. 짐 챙겨 나오면서 작업자분들 사이에 이거 꼭 필요하다는 얘기가 나오도록 해야겠다고 목표를 세웠어요.

실제로 1년 정도 정말 공을 많이 들였어요. 작업자분들을 찾아가서 의견을 듣고 최대한 빨리 피드백을 적용했죠. 그랬더니 결국은 마음을 열어 주시더라고요. 테스트 마지막에는 이거 없으면 이제 일 못한다고 놓고 가라고 하신 분들도 계셨어요.

고객을 만족시키는 유일한 답,
피드백과 개선의 반복

로봇에 대한 선입견을 깨는 과정도 필요했군요. 개발 과정에서는 어떤 점이 가장 힘드셨어요?

김규정 사람이 입는 옷과 마찬가지여서 개인별 최적화가 제일 어려웠어요. 사람마다 체격이나 작업 동작이 다르고 계절과 공장별로 환경도 달라져 변수와 조건이 많아요.

여름과 겨울 둘 다 입을 수 있어야 하고, 입고 벗기도 쉬워야 하고, 편측 작업도 되어야 하고요. 작업자분들의 피드백을 듣고 개선하고 또다시 피드백을 듣고 개선하는 과정을 무한 반복했어요. 정말 100번 이상 입었고 100번 이상 바꿨습니다.

최종규 정말 어려운 건 일하는 로봇을 만드는 것이 아니라 사람이 입는 로봇을 만드는 거였어요. 로봇은 스펙이 딱 정해져 있지만 사람들은 개개인이 모두 다르잖아요. 작은 부분 하나까지도 불편한 점은 없는지 계속 체크했어요. 아무리 효과가 있어도 입기 싫으면 소용없잖아요. '제일 까다로운 분을 만족시킬 때까지'라는 사명을 갖고 작업했죠. 일부러 혹서기에 사용성 평가를 했어요. 한여름에도 입을 수 있으면 가을과 겨울에도 만족하실 테니까요. 에어컨이 없어 내부 온도가 30°C가 넘어가는 인도 공장에서도 테스트했어요.

결국 현장 작업자분들을 만족시키셨어요. 마음을 사로잡은 비결이 뭘까요?

김규정 작업자분들이 주신 피드백을 빠르게 개선해서 보여드린 게 효과가 있었던 것 같아요. 그분들도 본인 의견이 반영돼서 조끼가 수정되는 걸 보니까 점차 마음을 여시더라고요. "전엔 30분 입었는데 이제 2시간으로 늘렸다.", "이것만 바뀌면 더 자주 입겠다." 말씀해 주시는 모습을 보면서 저도 재밌었어요. 개선하면 할수록 착용 가능성이 커져서 포기하지 않고 매달릴 수 있었죠.

최종규 일주일에 2~3회씩 현장에 가고 울산에 2주 동안 상주하기도 하고, 인도와 슬로바키아 공장에도 갔어요. 고객 피드백을 바로 반영하고 확인하기 위해서 주말도 반납하고 일했죠. 저희 4명뿐만 아니라 함께 한 연구원들 모두 자발적으로 동참해서 가능한 일이었죠. 현장 출장을 미루지 않고 '이번에 가서 이거 적용해 보고 직접 내 눈으로 확인할 거야!'라는 열정이 넘쳤어요. 그 덕분에 결과물도 잘 나오고 작업자분들도 만족하셨다고 생각해요.

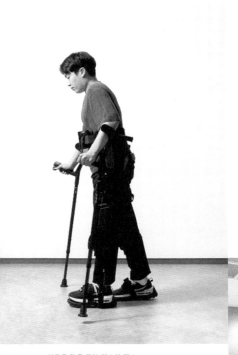

의료용 착용 로봇 엑스블 멕스

산업용 착용 로봇 엑스블 숄더

우리 직원들을 위한 로봇을
우리가 직접 만드는 성취감

계속 수정 작업을 반복하면 지칠 만도 한데 그런 열정이 어디서 나오는지 궁금해요.

김종우 좋은 피드백이 일하는 원동력이라고 생각해요. 실제 신입 연구원분 중에서 '내가 하는 일의 성과가 눈에 보였으면 좋겠다.'라는 의견이 있었어요. 그래서 작업자분들에게 새로 입어보고 좋으면 따봉샷을 보내 달라고 요청을 드렸는데, 이렇게 모인 따봉샷이 정말 많아요. 그 즉각적인 성취감 덕분에 계속 열정적으로 일할 수 있었죠.

최종규 작업자분이 "이거 없으면 일 못하니까 놓고 가라."라고 하셨을 때 기분이 정말 좋았어요. 근골격계 질환 예방을 목표로 개발을 시작했는데, 현장에서 실제로 도움이 된다거나 더 좋아졌다고 긍정적인 피드백을 들을 때마다 성취감과 보람이 있었죠. 한 발 한 발 나아가는 재미로 일했던 것 같아요.

김규정 저는 우리 작업 현장에 맞는 장비를 직접 개발한다는 점에서 동기부여가 되더라고요. 타사 제품을 벤치마킹하기보다는 우리 직원들의 필요를 충족시키기 위해 노력했거든요. 작업자분들이 장비를 착용했을 때 느끼는 무게감보다 실질적인 편리성과 효과성이 높다고 느끼게끔 만드는 게 목표였죠. 실제로도 제 의견으로 작은 요소들이 개선되었고 우리 직원들이 편리하게 일할 수 있도록 기여한다는 사실이 뿌듯했어요.

열정과 뿌듯함이 느껴져요. 이런 과정에서 '현대차답게' 일하는 모습은 무엇이라고 느끼셨나요?

김종우 로봇을 만들려면 한 분야만 잘해서는 안 돼요. 인간공학부터 기구학, 사용성 평가까지 각각의 전문성이 필요하죠. 로보틱스랩에 전문가가 많이 계셔서 함께 일할 때 시너지가 났어요. 저희가 항상 함께 출장을 다니는 이유도 한 명만 가서는 답을 찾기가 어렵거든요.

또한 작업자분들의 의견에 귀 기울이며 즉각적으로 피드백을 반영한다는 점에서 애자일한 일하는 방식을 갖고 있다고 생각해요. 새로운 이슈에 발 빠르게 대처하며 마치 스타트업처럼 일하고 있는 거죠. 다양한 내부 전문가들이 전문성을 발휘하여 유연하게 소통하고 협업해서 제품을 만드는 것이 현대차답게 일하는 모습 아닐까요.

김규정 모두 자기 일처럼 뛰어들어서 몰입해요. 현장 나가기 전까지 팀 구분 없이 함께 밤새워 조립해서 가져갔거든요. 100% 핸드메이드 로봇이라고 이야기했다니까요. 끝까지 집요하게 매달리는 모습이 우리의 일하는 방식 같아요. 개발에서부터 조립, 평가, 디자인 모든 과정에서 함께 일하고 있는 연구원분들에게도 너무 감사해요.

최종규 저희는 개발팀과 사업팀으로 팀이 다르지만 서로 긍정적인 영향을 주고받았고 팀워크가 좋았어요. 하나의 목표를 가지고 서로 시너지를 만들어 가며 도전적으로 일하는 방식이 현대차답게, 로보틱스랩답게 일하는 방식이라고 생각해요.

앞으로 어떤 목표를 가지고 계신가요?

최종규 저는 모든 자동차 브랜드 생산 공장 작업자들이 엑스블 숄더를 입고 일하게 하고 싶어요. 국내 및 해외 현대차와 기아 생산 공장의 작업자들을 대상으로 엑스블 숄더의 근력 지원 효과뿐만 아니라 사용성과 감성 품질도 인정받았기 때문에 충분히 경쟁력 있다고 생각해요.

김규정 더 다양한 산업 분야에 진출하여 최적의 솔루션을 제공하는 것이 목표예요. 근무 자세, 환경, 나이, 성별에 구분 없이 작업자분들이 엑스블 숄더를 통해 오랜 기간 건강하게 일하는 기반이 되었으면 좋겠어요.

김종우 저는 착용 로봇 시장이 커졌으면 좋겠어요. 조선업이나 건설업 등 어깨 질환이 흔한 현장이 많고, 계속 팔을 들고 초음파 검사를 해야 하는 의사분들도 쓰고 싶다고 하시더라고요. 어깨뿐만 아니라 허리로 확대할 수도 있고요. 시장 발전 가능성이 큰 만큼 현대차가 착용 로봇 업계의 선두 주자로서 활동하도록 지원하는 게 목표입니다.

"고성능차 N 브랜드,
하나의 완성은 언제나 새로운 시작점이죠."

'2023 굿우드 페스티벌 오브 스피드'에서 아이오닉 5 N이 처음 공개되었다. 이후 자동차 전문지 《톱기어TopGear》에서 "합리적이고 미래지향적인 자동차이자 즐거움을 주는 고성능 전기차"라는 외신들의 호평이 이어졌다. 그렇지만 저절로 알려지고 사랑받는 제품은 없다. 아이오닉 5 N을 세상에 알리기까지 글로벌 마케팅의 최전선에서 활약한 N브랜드커뮤니케이션팀의 치열한 프로젝트 스토리를 들어보았다.

왼쪽부터 오윤선 매니저, 김보경 매니저, 허상영 매니저, 염동진 매니저

N브랜드커뮤니케이션팀

김보경 매니저

염동진 매니저

오윤선 매니저

허상영 매니저

N브랜드커뮤니케이션팀은 어떤 팀인가요?

오윤선 저희는 N 브랜드의 커뮤니케이션을 담당하고 '사람들이 상상하는 것을 현실로 만들어 내는 팀'입니다. N 차량과 브랜드를 알리기 위해 다양한 콘텐츠를 제작하고 온·오프라인상에서 고객과의 접점을 만들어 내고 있어요. 아이오닉 5 N 론칭 프로젝트의 경우 N 월드와이드 소셜 채널과 웹사이트를 통해 론칭 영상과 티저 필름 등의 온라인 콘텐츠를 기획하였고, 2023 굿우드 페스티벌 오브 스피드에서 오프라인 행사로 월드 프리미어를 진행하기도 했어요.

N 브랜드의 설립 배경이 궁금해요.

허상영 N은 고성능 브랜드이자 현대차의 대표적인 서브 브랜드로 자리 잡고 있어요. 자동차는 기술 집약적인 고관여 상품이기 때문에 고성능 브랜드를 육성할 경우 후광 효과를 줄 수 있죠. 후광 효과는 하나의 두드러진 특성이 그 대상의 다른 세부 특성을 평가하는 데에도 영향을 미치는 현상을 말해요. 실제로 자동차 회사에 고성능 브랜드가 있는 경우에 그 자체만으로도 '해당 회사의 기술이 뛰어나다.'라는 인식을 심어 줄 수 있어요. 글로벌 시장에서 고성능차가 중요해지는 추세여서 현대차에서도 N 브랜드를 시작했죠.

고성능차는 생소한 분야인데 N 브랜드의 주요 타깃층은 어떻게 되나요?

김보경 고성능이 니치한 시장이다 보니 마니아층만을 위한 건 아니냐는 질문을 받곤 해요. 저희는 시장 규모보다는 N 브랜드를 통한 인식 변화에 초점을 맞추고 있어요. 현대차라고 하면 엄마차, 아빠차 등 가족 중심의 대중적인 이미지가 있는데, N 브랜드를 통해서 현대차가 고성능차를 만들고 'Fun-To-Drive'의 가치까지 제공하는 회사라는 생각을 하게 만드는 거죠.

고성능차를 잘 아는 마니아층을 공략하는 동시에 일반 고객 대상으로도 브랜드

인지도가 높아질 수 있도록 다각도의 관점으로 브랜딩을 진행하고 있어요. 웹사이트에는 누구나 쉽게 이해할 수 있는 간단한 내용과 깊이 있는 내용까지 동시에 제공하고요. 영상 콘텐츠에서는 '흥미 위주의 포맷'과 '자세한 기술 설명'이라는 두 가지 포인트를 잡아 다양한 고객층을 만족시키도록 노력 중이에요.

세계적인 레이서가 반한 차, 타보면 알게 되는 특별함

아이오닉 5 N이 최초 공개된 '굿우드 페스티벌 오브 스피드'는 어떤 행사인가요?

허상영 굿우드 페스티벌 오브 스피드는 영국에서 매년 열리는 자동차 페스티벌이에요. '움직이는 모터쇼'로 불리며 희귀 차량을 전시하고 서킷도 달리는 등 풍부한 콘텐츠를 제공하죠. 실제로 페스티벌 기간에 21만 명이 넘는 관중이 동원될 정도로 인기가 대단한데, 자동차 업계에서 명성 있는 자리인 만큼 아이오닉 5 N이 굿우드 페스티벌 오브 스피드에서 월드 프리미어로 공개되었다는 건 정말 의미가 커요.

세계적인 행사인 만큼 많은 준비가 필요했을 것 같아요. 프로젝트 과정에서 어려운 점은 없으셨나요?

허상영 2023년이 본사 차원에서 참여한 첫 해였어요. 페스티벌에 대해 아는 사람이 많지 않아서 굿우드 측과 협의하는 데에도 어려움이 있었죠. 실제 굿우드에서 신뢰받는 전문 스턴트 레이서인 '테리 그랜트'라는 분이 계시는데, 저희가 처음 협업 제안을 했을 때는 거절하셨어요. 고성능 전기차라는 영역이 생소해서 차량 성능이 좋지 못할 거라고 단정 지으신 거죠.

이후 이분을 남양연구소로 모셔 와서 직접 아이오닉 5 N을 주행해 보시도록 했어요.

차를 한번 타 보시더니 생각이 180° 바뀌셨죠. 연구소에서 주행 관련 피드백을 빠르게 반영해 주면서 주행에 재미를 붙이셨어요. 말 그대로 아이오닉 5 N에 푹 빠지신 거죠. 결국 차량 성능도 우수하고 주행 경험도 특별하다는 평가와 함께 협업 제안을 승낙하셨어요.

아이오닉 5 N만의 특별한 강점은 무엇인가요?
오윤선 아이오닉 5 N의 강점은 기술력이죠. 아이오닉 5 N 티저 필름에서 뉘르부르크 링 서킷을 돌고 난 뒤의 배터리 온도인 42°C를 노출했어요. 실제로 아이오닉 5 N에서는 운전자가 실시간으로 계기판을 통해 배터리 온도를 확인할 수 있는데요. 상품에 대한 자신감과 기술력의 확신이 반영된 결과라고 생각해요. 영상 댓글에도 이걸 알아봐 준 사람이 많더라고요.
아이오닉 5 N을 만든 사람들의 열정 또한 특별한 장점이에요. 개발 필름 제작을 담당하면서 만났던 연구원분들의 열정은 저까지도 설득했거든요. 내연기관 시대에 저희가 패스트 팔로어Fast Follower였다면, 고성능 전기차 영역에서는 퍼스트 무버First Mover예요. 실제로 굿우드 행사장의 미디어 인터뷰에서 한 연구원분이 "벤치마킹할 차가 없었다."라고 말씀하시기도 했고요. 새로운 도전과 시도, 실행을 위한 노력이 모여 아이오닉 5 N의 특별함을 만드는 것 같아요.

고성능차 마케팅에서 특별히 신경 쓰는 부분이 있으신가요?

김보경 저는 사소한 디테일까지 완벽하게 점검하고 있어요. 차를 잘 아는 분들이 보시는 콘텐츠이다 보니 각별한 주의가 필요하거든요. 클러스터에 뜨는 정보부터 자동차 사운드, 기술 설명에 필요한 3D 데이터까지 세부 요소를 꼼꼼하게 살펴야 하죠. 기술 설명이 어렵지 않으면서도 정확해야 하기에 차에 대한 공부를 많이 했어요. 단지 차를 잘 아는 정도가 아니라 전문가 수준이 되어야 차량 데이터를 바탕으로 커뮤니케이션할 수 있으니까요.

오윤선 저는 연구원분들과의 소통과 협업이 중요하다고 생각해요. 연구원분들이 개발한 기술을 효과적인 언어로 전달해야 하기 때문이죠. 저희 팀은 연구소와 상품 개발 단계부터 계속 소통해 왔고, 론칭 이후 콘텐츠까지 함께 준비했어요. 한 연구원님은 "연구원들이 요리사라면 브랜드 마케터들은 그 요리를 가장 먹음직스럽게 서빙해 주는 웨이터 같다."라고 하셨어요. 아이오닉 5 N 론칭 업무를 진행하며 다양한 연구소 부문과 여러 차례 논의를 거듭했어요. 또 온·오프라인 마케팅 활동 전반에서 도움을 받기도 했고요. 같은 조직은 아닐지라도 함께 일하는 '원 팀One Team'이라고 생각해요.

타협 없는 집요함,
고객을 위한 최선의 노력

프로젝트를 진행하면서 가장 뿌듯했던 순간은 언제였나요?

염동진 N 브랜드를 통해서 현대차를 다시 보게 되었다는 고객 반응이 가장 기억에 남아요. 저는 N 브랜드가 만들어 내는 이미지와 파급력이 중요하다고 생각해요. 아이오닉 5 N을 통해 현대차에 대한 인식이 바뀌었다거나, 한국 브랜드에서 고성능 전기차 시장을 개척한 점이 대단하다는 댓글이 많았어요. 자동차 커뮤니티에서도 고객들이 좋아하는 모습을 보면서 뿌듯했죠. 소셜 콘텐츠 담당자로서 많은 사람의 노고가 담긴 프로젝트를 널리 알릴 수 있다는 점도 좋았어요. N 브랜드의 역사와 기록을 함께한다는 점에서 자부심을 느껴요.

그동안 동료들과 함께 일하며 느낀 '현대차답게' 일한다는 것은 어떤 모습일까요?

오윤선 저는 타협하지 않는 게 현대차다운 일하는 방식이라고 생각해요. 최상의 결과물을 위해서 적당히가 아닌 '집요하게' 일하는 것이요. 마케터들은 최상의 소비자 경험을 주는 데 있어서, 연구원들은 최고의 상품을 만들어 내는 데 있어서 타협하지 않으려고 해요. 이런 점에서 우리 회사와 동료들이 진심으로 멋지다고 느꼈어요.

허상영 브랜드를 위해서라면 남의 일과 내 일의 구분 없이 함께하는 게 우리만의 일하는 방식이에요. 특히 저희 팀은 다 같이 붙어서 일하는 게 자연스러워요. 가령 제가 보도 자료를 써야 하는 일이 생기면 팀에서 글을 잘 쓰시는 분이 와서 도와주세요. 따로 부탁을 드린 것도 아닌데 어느새 옆에 와 계시더라고요. 그만큼 현대차와 N 브랜드에 애정이 있기에 가능한 일이죠. 개인의 성과보다는 브랜드 차원의 발전을 위해 항상 함께 고민한답니다.

앞으로 현대차에서 해보고 싶은 일이 있다면요?

김보경 현대차를 다니면서 회사가 직원들에게 많은 지원과 투자를 아끼지 않는다는 생각이 들었어요. 마케터로서 좋은 환경에 있는 만큼 다양한 시도를 해 나가며 전문성을 향상시키고 싶어요.

염동진 장재훈 대표이사님께서 말씀하신 "This is a great start line, not the fi-nish line."이라는 말이 기억에 남아요. 아이오닉 5 N은 현대차의 전동화 비전을 잘 알릴 수 있었던 시작이라고 생각해요. 저는 앞으로도 현대차와 N 브랜드의 전동화 목표를 위해 최선을 다하고 싶어요.

"자원 순환형 수소 생태계 구축,
현대차가 가장 잘할 수 있는 일이죠."

환경 문제를 해결하면서도 기업 가치를 창출할 수 있을까? 현대차라서 잘할 수 있는
일, 다양한 영역의 역량을 연결해 새로운 가능성을 발견하고 실현하는 추진력이 또
한 번 발휘됐다. 음식물 쓰레기가 에너지원이 될 수 있다는 사실은 누구나 놀랄 만한
이야기다. 현대차그룹은 이러한 유기성 폐기물을 가지고 고순도의 청정 수소를 생산
하는 '자원 순환형 수소 생태계' 구축에 앞장서고 있다. 수소사업추진팀 김상범 책임
매니저를 만나 현대차가 꿈꾸는 미래의 자원 순환 생태계는 어떤 모습일지 이야기를
들었다.

수소사업추진팀
김상범 책임매니저

환경 문제를 해결하며
함께 창출하는 기업 가치

수소사업추진팀에서는 어떤 일을 하고 계신가요?

수소사업추진팀 김상범 책임매니저입니다. 제가 속한 글로벌상용&수소사업본부는 현대차 안에서 상용, 수소와 관련된 기능을 한 본부로 집결하면서 생겼어요. 2022년 부터 회사 차원에서 새로운 수소 에너지를 만드는 비즈니스에 뛰어들어 보자는 공감 대가 있었고, 그 시작으로 폐기물을 기반으로 한 수소 에너지 전환 사업을 기획하게 됐어요.

그 예로 '자원 순환형 수소 생태계 프로젝트'는 음식물 쓰레기, 가축 분뇨, 하수슬러 지*와 같은 유기성 폐자원을 기반으로 청정 수소를 생산하고, 그 수소의 활용 측면까 지 통합 패키지로 개발함으로써 자원 순환 구조를 만들어요. 지속가능한 수소 생태 계를 구축해 내죠.

유기성 폐자원으로 수소 에너지를 만든다니, 사업에 대해 자세히 듣고 싶어요.

한국은 가장 선도적으로 폐자원을 관리하는 국가에 속해요. 음식물을 분리배출하는 문화가 정착되어 있기도 하고 유기성 폐자원에 대한 바이오가스 사업법 등 기반 제도 가 잘 구비되어 있는 편이거든요. 국내가 유기성 폐자원을 활용한 자원 순환 성공 사 례를 만들기에 최적의 환경이라는 사업적 판단을 했고, 리더분들도 현대차가 이 영역 을 빠르게 리드해서 수소 생태계 구축에 앞장서면 좋겠다는 방향성을 명확하게 제시 하셨죠. 생산부터 수소를 실질적으로 활용하기까지 가치 사슬Value Chain을 유기성 폐자원을 통해 구축하는 게 궁극적인 목표예요.

책임님은 이 사업이 어떤 의미가 있다고 보시나요?

폐기물의 가치를 발견해서 이를 기반으로 비즈니스 모델을 만드는 것 자체가 매력적이 죠. 폐기물은 원래 처리 비용이 발생하잖아요. 정부나 지자체 차원에서 세금을 사용 하고 별도의 지원 비용이 발생하기도 하거든요. 비용 관점에서 해당 사업은 폐기물을

수소융복합충전소에 설치된 수소추출기, 현대로템 제공

시장 가치가 있는 에너지로 변환한다는 데 의미가 있어요. 저는 무엇보다도 환경 문제를 해결하면서 동시에 기업적인 가치를 이끌어낼 수 있다는 점에 주목하고 있고요.

프로젝트 과정에서 정부 공모 사업에도 참여하셨다고 들었어요. 흔치 않은 일인데 그 배경이 궁금해요.

저희 프로젝트 같은 경우에는 정부 지원금을 유치해서 환경부 공모 과제로 청주시에 수소 생산 시설과 수소 충전소 구축 사업을 시작하게 되었는데요. 하수처리장에서 하루 500kg가량의 수소를 생산하고 활용하는 인프라를 구축하는 사업이에요. 한국 정부도 자원 순환형 수소 사업의 높은 가치에 주목하여 다각적으로 지원하려는 노력을 하고 있거든요. 그래서 정부나 지자체와의 접점에서 사업을 시작하는 게 의미가 있다고 생각했죠. 기업에서 독자적으로 하는 게 아니라 공공 부문, 수소 전문 기관, 중소기업과 함께한다는 방향성이 핵심이었다고 생각해요.

사실 공모 도전 과정에서는 진정성에 대한 의심을 많이 받았어요. 현대차가 수소차를 만드는 건 알겠는데, 왜 폐기물 기반 수소 생산을 하려고 하는지가 주된 질문이었죠. 저희는 지금 글로벌 시장에서 수소 모빌리티 분야를 선도하고 있어요. 이 분야의 성장을 이끌어가는 관점에서 수소 생태계 자체를 리딩하지 않으면 아무리 좋은 자동차나 연료 전지를 만들더라도 시장이 성장할 수 없다고 생각했어요.

*하수슬러지: 하수처리의 각 공정에서 발생하여 집수된 침전물.

현대차라서 가장 잘할 수 있는 일,
과감한 도전과 민첩한 실행

사내에서도 신사업에 다양한 의견이 공존하는데요. 현대차에서 수소 사업이 갖는 의미는 무엇일까요?

직원들이 신사업에 의문점을 갖는 것은 어찌 보면 당연한 현상이에요. 그런데 저희는 'Why?'보다는 'Why Not?'의 관점에서 수소 사업을 바라봐요. '현대차라서 가장 잘할 수 있는 일인데 안 할 이유가 없지 않나?'라는 생각이죠. 현대차그룹은 수직적과 수평적 가치사슬을 모두 구축하고 있어 누구보다도 수소 사업을 끌고 가기에 적합해요. 신사업이라는 건 세상에 없던 새로운 기술을 개발하는 것이 아니라, 기존에 갖고 있는 역량을 어떻게 연결하고 전환하여 새로운 것을 창출할 수 있을지 고민하는 과정에서 시작된다고 생각해요. 실제로 현재 현대건설, 현대엔지니어링, 현대로템, 현대글로비스 등 여러 그룹사와 긴밀하게 협력하고 있고요. 현대차그룹이 내재화하고 있는 기술을 활용해서 새로운 사업적 시도가 이루어졌다고 이해하시면 될 것 같아요.

신사업의 경우 많은 도전 과제가 있잖아요. 프로젝트를 담당하시며 특히 어려웠던 점이 있나요?

폐기물을 활용해서 수소 생태계 인프라를 구축하는 사업이 초기 단계이다 보니 제도 개선부터 각종 인허가 문제, 기술 투자 등 여러 방면에서 새로 만들어 가야 하는 부분이 많아요. 그나마 국내는 충주시와 같은 상업 운전 시설도 있고, 정부도 사업 육성 의지가 강해요. 반면 해외는 폐기물 처리 제도도 없고 분리배출을 하지 않아서 쓰레기를 다 쏟아붓는 상황이거든요. 그럼에도 해외에서 해당 사업의 가치나 잠재력을 상당히 높게 평가하고 벤치마킹 목적으로도 많이 방문하고 있어요. 저희도 내년부터는 해외 정부, 기업, 기관과 파트너십을 늘려서 글로벌 무대로 사업을 확장해 나가려고 해요.

휴머니티를 향한 진보,
모두의 더 나은 삶을 위한 노력

책임님은 현재 업무에서 어떤 의미와 가치를 발견하셨나요?

제가 현대차에 와서 처음 맡은 일이 공유가치창출CSV* 관련 업무였어요. 지속가능경영팀에서 오래 근무하다가 수소사업추진팀으로 이동하면서 자원 순환이라는 개념을 어떻게 해석할지 고민이 많았죠. 사실 CSV는 현대차가 오랫동안 진정성 있게 해왔던 영역이거든요. 해양 폐기물을 활용해서 전기차 내 소재로 업사이클링 하는 프로젝트도 진행해 왔죠. 대표적으로는 아이오닉 5가 있고요. 자원 순환은 사회문제를 해결하면서 동시에 경제적 가치까지 창출할 수 있는 일이에요. 자원 순환형 수소 생태계를 만드는 것만큼 좋은 프로젝트는 없겠다는 생각이 들어요.

관련 분야에서 오랫동안 일하면서 현대차의 CSV가 갖는 본질적인 가치도 고민해 봤는데요. 저는 전 그룹사가 CSV 관점에서 일할 때 진정한 공유가치 창출이 가능하다고 생각해요. 전동화, 수소 에너지, AAM*, 자율주행, 로보틱스 등 미래 신성장 사업들 모두 본질적으로 사회적 가치를 창출하는 과제예요. 인류의 더 나은 삶을 위한 미래 모빌리티를 구현하는 데 전사가 함께하는 것, 결국 '휴머니티를 향한 진보'라는 가치를 실현하는 거죠.

그동안 동료들과 함께 일하며 느낀 '현대차답게' 일한다는 것은 어떤 모습일까요?

새로운 것을 과감하게 실행하고 도전하는 문화가 현대차만의 일하는 방식 같아요. 다른 기업들은 사업 진출의 문을 두드려 보고 '가능성이 보인다.' 싶으면 들어와요. 성공 확률과 리스크에 집중하는 거죠. 하지만 수소 사업처럼 이해관계가 복잡하고 도전과제가 많은 상황에서는 미션 달성을 위한 빠른 행동이 중요해요.

*공유가치창출 CSV: Creating Shared Value, 기업이 사회적 문제를 해결하면서 동시에 비즈니스 가치를 창출하는 전략적 접근 방식.

*AAM: Advanced Air Mobility, 항공 서비스가 부족하거나 항공 서비스를 받지 못하는 장소 사이에 사람과 화물을 이동할 수 있게 하는 미래 항공 모빌리티.

사소한 팩트와 조건을 따지다 보면 고려 사항이 끝도 없고 사업 진출이 어려워져요. 현대차는 리더들의 빠른 의사결정과 미션 수립, 실무진의 민첩한 실행력으로 이만큼 올 수 있었다고 생각해요. 사업의 미션과 비전이 분명하다면 재고 따지기보다는 과감하게 도전하고 해 보는 대담한 움직임이 우리만의 기업문화 같아요.

앞으로 현대차에서 해보고 싶은 일이 있다면요?

다양한 업무를 경험하면서 저만의 스토리를 만들어 나가고 싶어요. 무엇 하나라도 버려지는 업무 경험은 없다고 생각해요. 다양한 시도를 해보고 이걸 어떤 방향으로 쓰임이 되게 할 수 있을지 고민해서 엮어 나가는 게 커리어 관리의 핵심 같아요. 저는 CSV와 지속가능경영 업무를 거쳐, 지금은 자원 순환 프로젝트를 담당하고 있는데요. 어떻게 보면 다른 업무일 수도 있지만 더 나은 모두의 삶을 위해 새로운 일을 발굴하고 이뤄낸다는 측면에서는 비슷하다고 생각해요. 앞으로도 많은 도전 과제에 뛰어들어서 새로운 기회들을 잡아보고 싶어요.

현대차의
일하는 방식

현대차는 다양한 직무만큼이나 다양한 방식과 사람이 존재하는 회사입니다. 그 다양성 속에서 우리는 '바람직한 일하는 방식은 무엇일까?'를 함께 고민해 보았습니다. 임직원들의 목소리를 모아 현대차 DNA와 일하는 방식이 도출되었습니다. 그리고 '시작은 과감하게, 마무리는 집요하게'라는 기업문화의 방향성을 일상에서 실천하기 위한 다양한 노력을 하고 있습니다.

무엇보다 일하는 방식은 선언적 메시지가 아닌 채용, 조직문화/리더십 진단, 인사평가 등에 반영되어 실제 일하는 기준으로 쓰입니다. 또한 불변의 가치가 아닌 기업의 대내외 환경에 맞춰 수정 및 개편되는 실질직인 일하는 방식입니다.

현대차에서 일하고 싶은 분이라면 우리의 일하는 방식이 자신과 잘 맞는지 고민해보세요. Come grow with us!

시작은 과감하게,
마무리는
집요하게!

도전 Bold Moves

멈추지 않고 더 높이 더 멀리 도전

현대자동차는 자동차 제조를 넘어 모빌리티 솔루션, 수소 에너지까지 비즈니스 영역을 확대해 도전하고 있습니다. 우리는 작은 시도와 과감한 도전을 통해 꾸준히 발전하며 혁신적인 결과물을 만들어갑니다. 때로는 어려움을 마주하기도 하지만 좌절하지 않고 오히려 배우며 다시 도전합니다. 우리는 미리미리 준비하여 변화에 빠르게 대응하고, 멈추지 않고 계속 나아갑니다.

실력 Quality Work

고객을 위한 타협 없는 집요함

현대자동차는 고객을 위해 제품 품질은 물론 업무 품질에서도 결코 타협하지 않습니다. 우리는 기대보다 높은 목표를 세우고, 어렵고 힘든 문제일수록 끝까지 파고들어 답을 냅니다. 미래를 대비하고 문제를 해결하기 위해 우리는 데이터에 기반하여 사고하고 판단합니다. 우리는 경험과 지식을 축적해 전문성을 높이고 다른 분야까지 폭넓게 학습하며 실력을 키웁니다.

긍정 Positive Energy

함께라면 할 수 있다는 긍정 에너지

현대자동차의 비전은 Progress for Humanity(휴머니티를 향한 진보)입니다. 우리는 진보된 기술로 모든 사람들에게 이동의 자유를 제공하는 것이 목표입니다. 공동의 목표를 이루기 위해 치열하게 고민하고 협업하여 함께 성과를 만듭니다. 협업의 과정에서 다양한 생각과 경험을 나누고 존중하며 새로운 가치를 발견합니다. 무엇보다 인류를 위해 옳은 일을 한다는 자부심을 갖고 정직하고 투명하게 일합니다.

왜 그렇게 일에 진심이야?

도전과 집요함, 현대차답게 일하는 법

Hyundai Motor Company

발행인 장재훈

발행 현대자동차

총괄 기획 김혜인

원고 작성 및 검수 조정희, 박용희, 이예정, 박소연

사진 빛의하루 송승훈

AROUND

제작 어라운드

편집장 김이경

책임편집 김진형, 정현지

편집 송재은

디자인 윤원정

교정·교열 기인선